抑鬱症

你還未懂的10件事

Ten Rules About Depression

徐理強醫生

抑鬱症，你還未懂的10件事
作者／徐理強
策劃編輯／伍詠慈
文稿編輯／曾賽冰
美術設計／鄺穎殷
出版發行／突破出版社
香港沙田亞公角山路33號突破青年村
電話：2632 0000　傳真：2632 0388
電郵：breakthrough@breakthrough.org.hk
網址：http://www.breakthrough.org.hk
http://www.btproduct.com
承印／陽光（彩美）印刷有限公司
2014年12月初版1刷
2019年8月初版3刷

Ten Rules About Depression
by George, Lee Keung Hsu
First Printing, First Edition, December 2014
Third Printing, First Edition, August 2019

Printed in Hong Kong
ISBN 978-988-8246-42-7

本書經文取自《新標點和合本》及《聖經新譯本》，版權為香港聖經公會及環球聖經公會所有，承蒙允准採用，特此鳴謝。

誠邀閣下就突破出版社的書籍發表意見

歡迎加入突破書籍 Facebook page — http://www.facebook.com/btbooks.page

本書採用環保油墨印刷

心　理　診　療　所

關懷、連繫、復和、

溝通、對話……

凝視心之脈動，

直到重新尋獲自己的心。

目錄

余達心院長 序

認識徐理強是我初到英國修讀神學之時，時為 1977 年，彈指間已近三十七載。打從那時候開始，我一直都從心底裏佩服這位弟兄。他為人執著，為整全的信仰執著，為信仰有理有據的表述執著，為探求精神科學與信仰整合而執著，更難得的是，他真的把病人放在心上。聽他講述病者的個案，我可以看出他對人有極深的關切。另一樣叫我佩服的，就是他對福音的熱忱。他在倫敦大學教學時，帶領不知多少年輕人信主，並非常用心地栽培他們。他對信仰的思考很多時要比教牧，甚至神學工作者還要深。對教會的愛也不用說了，教會常在他的心間；他往往為教會在牧養中出現的信仰誤解或偏執而焦急。「聖經輔導」對抑鬱症過於簡化的理解與處理，就是一個很好的例子，他寫這本書就是為了糾正那種觀念與做法。

看完這本書的草稿，我非常驚訝，能在短短幾萬字之內，如此深入淺出地、清晰地，講解抑鬱症的病症及成因、闡釋基因與環境的互動，輔以不同的個案加以說明抑鬱是具體的疾病，需要藥物及情緒、靈性輔導的配合，實不容易。而徐理強卻從容道來，使讀者在不經不覺間輕舟已過萬重山，其功力深厚，由此可見。對於「聖經輔導」派將抑鬱極度簡化地看為純粹靈性問題，全歸疚於人的罪，徐理強毫不含糊地作出批評。然而他並沒有否定靈性及罪在精神健康中的作用，只是強調，要正確地面對一個事實，抑鬱是具體的病症，要有效地醫治，藥物是不可少的。他也倡議以分層及整合的模式去幫助病患者康復，強調教牧輔導在其中有可以發揮的作用。他在評論「聖經輔導」派新一代掌門人韋爾契的觀點時，可謂中肯非常，在批評中卻作出了相當的肯定。

我認為《抑鬱症，你還未懂的 10 件事》對華人教會是一本重要的著作，對應了華人教會在牧養上一大欠缺，不單幫助教牧在牧養抑鬱的會友時解開不少疑問與困惑，也幫助一般信徒正確地看待抑鬱的弟兄姊妹。對於我來說，這本書的第 X 章「信仰回答精神科學」最令我感動，也最能說明，我這位老友是一位有情有夢的人。我衷心推薦這本書給華人教會的弟兄姊妹。

余達心

2014 年 4 月 30 日於中國神學研究院

李鐵牧師 序

去年我們邀請徐理強老師講授「精神健康與靈命成熟」系列課程，徐老師豐富的醫學專業知識，幾十年臨牀的經驗，一輩子信仰人生智慧的積累，給了我們極大的幫助，開啟了我們的智慧，引起大家廣大的興趣與迴響。今年徐老師在百忙中，再次接受我們的邀請，在新成立的城市教會全職工人進修班中，教授「走出抑鬱的低谷」系列課程。這次，他不但來了，而且帶來了此書稿，想到這大城裏那麼多人即將獲得幫助，我無法遏止內心的激動，幾乎一口氣看完此書稿，實在受益良多。

十年多來，在國內急遽的城市化、市場經濟與其他改革開放的進程下，逾百分之五十的人口移向了城市。蓬勃發展的城市福音工作也使許多人湧入教會，他們生活在充滿競爭的新環境裏，每天沉浸在像霧霾無所不入的攀比與物質化的社會風氣中；工作上的潛規則與道德滑坡，徹底扭曲了人性的尊嚴與形象。教會裏的信徒甚或同工因個人心理或社會因素，罹患抑鬱症的人逐漸增多，這成為牧養的挑戰。但教會卻屢因錯誤的醫學認知，不當的釋經與輔導技巧，使已為抑鬱症所苦的信徒雪上加霜，加深傷害、延誤病情。徐老師體貼觀察教會極大的需要，深入淺出地寫成此書，深信必將成為眾人的幫助，我們衷心祝福每一位讀此書的人，蒙恩受益。

李鐵

2013 年 11 月 7 日於中國北京

林國亮院長 序

1980 年前後，我在匹茲堡神學院和匹茲堡大學分別進修神學和婚姻家庭輔導，和徐理強醫師夫婦一起在匹茲堡華人教會和查經班事奉。那時徐醫師已經在美國賓夕凡尼亞州著名的 Western Psychiatric Institute and Clinic 任教，印象中他當時已是治療厭食症的權威。他對事奉的熱忱、對學生的關愛、對查經的認真，在我腦海中留下極深刻的印象。

還記得當年得知他在倫敦求學期間，就在我非常敬佩的斯托德牧師（John Stott）的教會聚會，心中興起「難怪他研經的態度這麼嚴謹」的想法。過去這三十多年來，我們一直保持聯繫，令我特別感動的是他們全家始終全心投入教會的事奉。

徐醫師離開匹茲堡後，就轉往波士頓塔夫斯大學（Tufts University）醫學院任教，同時亦擔任其附屬醫院精神科門診中心亞裔部門的主管，非常多機會接觸華裔的精神病患及其家屬。由於徐醫師基督信仰的真誠、精神醫學的專精，再加上臨牀經驗豐富，使得他在這方面的論點特別值得華人基督徒重視。

在本書中，徐醫師除了深入淺出地闡釋近期腦神經科學研究的進展，對抑鬱症治療的意義外；最獨特的貢獻，在於他非常正面而具體地回應諸多華人基督徒對抑鬱症特有的觀點和問題。筆者多年來從事教牧與婚姻家庭輔導，對我而言，華人（包括基督徒在內）面對抑鬱症時一個很重要的問題，不是太相信、太輕易採用藥物治療，而是許多患者及其家屬基於對藥物治療的無知，或因面子的問題而諱疾忌醫，在服藥的過程中擅自改變服藥量，甚至停止服藥，以致對患者、家屬及其支持團體（如教會）增加了許多不必要的負擔與痛苦，甚至平白地喪失生命。這與美國的情況極為不同，也是我們在閱讀相關的翻譯作品時，需要特別注意的。

徐醫師也特別回應亞當斯博士（Jay E. Adams）的立場。亞當斯博士的勸戒輔導模式所衍生的所謂「聖經輔導」，近期在華人教會之間引起不少衝擊，特別是就「聖經輔導」處理抑鬱症問題的主要代表人物韋爾契博士（Edward T. Welch）的立場，徐醫師有深入的回應。亞氏的勸戒輔導模式源於六、七十年代，當時教會（包括牧者和基督徒心理學家在內）欠缺批判的能力，大量採用與基督信仰的世界觀不同的治療模式。亞當斯的論點，在當時基督徒的圈子內，有如曠野的呼喊，喚醒基督徒不要遺忘《聖經》「使人歸正」的功能，同時強調「勸戒」是每一位聖徒的責任，而非少數專家的專利。

如今回頭看來，亞氏的言論雖有其過度偏激之處，但其對每一個基督徒應當好好研讀《聖經》，轉化我們的思想與價值，流露在每日的生活和人際關係中，以致「滿有良善，充足了諸般知識」，得以「彼此勸戒」的呼籲（羅 15：24），在今天有耳可聽的仍然應當聽！

亞氏的「勸戒輔導」模式後來演變而改稱為「聖經輔導」模式。乍看之下，彷彿其他基督徒的輔導模式都不合乎《聖經》似的，以致許多篤信《聖經》權威的基督徒，很容易就全盤接受它的教導，進而排斥像本書作者徐醫師所採用治療抑鬱症的整合模式。對筆者而言，這簡直是「矯枉過正，過猶不及」，實在太遺憾了！

值得注意的是，近這三十年來，神學院和基督徒心理學家在《聖經》/ 神學和心理治療的整合上有非常大的進步，與六、七十年代的光景絕對不可同日而語。當今全美國最大的基督徒輔導協會（American Association of Christian Counselors），也使用「聖經輔導」這個名稱來推廣其整合模式的輔導，不讓這個名稱成為亞氏及其門生的專利。

在本書中，徐醫師一方面指出他認同韋爾契博士（當今「聖經輔導」模式陣營中抑鬱症治療的權威）大部分的教導，另一方面也明確而鄭重地強調他與韋氏的重大差異之處，包括：

1. 抑鬱症是一種具體的疾病，是基因與環境互動引起的大腦神經系統功能紊亂造成的；
2. 每個疾病都有靈性的層面，不單止抑鬱症；
3. 嚴重的抑鬱症是必須治療的，不能單靠「聖經輔導」。

我特別期待採用「聖經輔導」的牧者、輔導者和基督徒都可以認真反思徐醫師的立論。筆者研讀韋氏的著作後，大膽地推測，他大概不會反駁徐醫師的見解。畢竟他並非想否定所有的藥物治療；而是想提醒人們，別忘了許多抑鬱症有其靈性的層面，不要太輕易接受藥物治療，且視藥物為惟一有效的方法而取代《聖經》教導、羣體扶持和基督的救恩。

最後，筆者從自己的背景和經歷，也想借此鼓勵所有基督徒，包括深受現代精神醫學和心理治療模式影響的基督徒醫生和心理治療專家，繼續虛心而深入地研讀「聖經輔導」的相關著作。重點絕不在它們對基督徒非「聖經輔導」模式的批判，而在它們對《聖經》所下的功夫和所得的許多亮光。

筆者曾專攻婚姻家庭協談和家庭研究，也取得了神學院的道學碩士學位。但坦白的説，不論早期在教會，或在神學院，筆者所得有關婚姻與家庭的《聖經》教導都相當有限，是後來經過多年事奉的經驗，才慢慢有些心得，進而在神學院教授「聖經與家庭」的課程，用社會科學研究婚姻與家庭的結果，來詮釋、印證《聖經》中相關的教訓。筆者相信，相同的情況或許也發生在許多敬虔愛主、而從事輔導與協談專業的基督徒身上。謹以此共勉。

林國亮

2014 年 4 月 27 日於正道福音神學院

張路加牧師 序

本書作者徐理強醫生是我十分敬重的一位集臨牀醫生、教學研究、專業學者和教牧人員於一身的主內長輩。我多年前在神學院教牧博士班修畢他所教授的「精神病患與家屬的教牧關懷」課程後，實在感覺受益匪淺。他讓我們不但對精神疾病的成因、症狀、治療及預後等有相當多的了解，改變了我們先前許多似是而非的誤解和認知，更針對教牧關懷，給了許多切實可行的建議和忠告。

我以往雖然多次去過徐醫生擔任長老的麻省華人福音堂領會，也和他有過不少接觸，但藉着修畢整門課程，得以近距離和他相處多日，對他淵博而嚴謹的學識學養，為着整合基督信仰和精神醫學之間的關係而嘔心瀝血的付出，並那種惟有真正屬靈牧者才具備的，對人靈魂深切的負擔和關愛，使我為之深深動容；也更感到作為教牧人員，尤其需要對精神疾病這方面有更多的認識和掌握，以使得主所託付我們的羊羣得到更有效的關顧和牧養。

以我自己過往二十多年來在教會及宣教工場上的觀察和了解，我們大多數的華人教會對抑鬱症等精神疾病的存在，採取比較漠視的態度，容易將之視為單純的「魔鬼攻擊」或是「靈性軟弱」，從而對專業的就醫治療加以排斥。信徒們也往往在自身或是面對他人深受精神情緒等方面的困擾時，顯得不知所措，或者認為是一場「屬靈爭戰」而大加撻伐，認為自己或他人「不夠屬靈」，甚至是「有了破口」而深感內疚或互相指責。這些誤解和誤導常使得病人不僅得不到應有的醫療關顧和正確對待，反而使得病情更趨惡化甚或延誤治療，造成難以彌補的後果。

徐醫生的小書，就是針對上述的情形，用通俗易懂的科普寫法，為華人教會的教牧及信徒們，補上了這方面的缺失，堪稱是「及時雨」。書中除了對抑鬱症這類精神疾病簡明扼要的臨牀介紹和描述外，更有許多的個案及例證，包括作者自己親人的切身遭遇，令我們讀來深切地感受到一位專業而資深的精神科醫生背後，那份從基督而來的，對主的羊羣的愛和負擔！也對有志於對基督信仰和精神醫學作進一步研究和整合的基督徒醫學工作者，傳遞異象，提出挑戰。深信神必藉着這本書，給我們華人教會和信徒帶來極大的幫助和祝福！

張路加

2013 年 10 月 23 日於美國加州

黃維仁教授 序

筆者深信，所有的真理都來自神，而科學、理性與信仰是沒有衝突的。真正的科學家，會以謙卑、開放的心胸，客觀而有系統地研究神的創造，而當他們看到與自己當初信念相違的反證時，會像保羅一樣謙卑認錯，修正有誤之信念。這種求真的精神，是神所喜悅的。

筆者服事華人教會與社區多年，看到一個值得擔心的現象，就是一竿子打翻一條船，把心理學當做與信仰對立的毒蛇猛獸。其實心理學包羅萬象，不合科學之處將慢慢被淘汰。筆者在美國從事心理治療超過二十年，且因在西北大學醫學院任教，有幸接觸當代最尖端的科學研究與治療技術，深深覺得心理學中真正有用，最具醫治性的部分，全都是建立在《聖經》真理之上。

好的動機不見得能帶來好的果效，當前許多華人教會的問題，在於太注重左腦《聖經》知識的灌注，而忽略右腦體驗性的學習與應用。處理人的問題時，往往是欲速則不達，就像煎冷凍的魚一般，兩面都燒焦了，裏面還是冰的。例如，基督徒都知道我們應該要饒恕，然而最尖端有關饒恕的科學研究卻發現，用教條與意志力揠苗助長的結果，反而使人中了撒旦的詭計，表面上饒恕了，而苦毒卻愈埋愈深；不健康的情緒反而像火山一樣，常常在意想不到的時刻，以意想不到的強度爆發出來。

真，善，美的次序不能顛倒，若不面對負面情緒，捨真而快速求善，往往變成偽善。大家都知道大禹治水的故事，若要心理健康，不能高壓、圍堵，必須學會傾聽、疏導。臨牀科學實證研究指出，若要有徹底、具持久性的饒恕，就如情緒導向心理治療學派所發現，必須有勇氣去面對憤怒與最深層情緒，經過一次哀傷的過程來達成。

處理抑鬱症與其他心理問題也相似，千萬不可認為所有的精神症狀都是犯罪的結果，以為只要簡單地把《聖經》的話語像道士的符咒一般，用由上而下填鴨的方式，用力一貼，就藥到病除。若病情沒有好轉，就以為是當事人靈命軟弱。狹隘偏誤的釋經與輔導理念，往往愛之反害之，不但使得已經飽受抑鬱症折磨的信徒傷上加傷，甚至因延誤病情，導致一些本來可以得到醫治的人因抑鬱症自殺，喪失生命。

筆者認為徐理強教授這本《抑鬱症，你還未懂的 10 件事》是治療抑鬱症的最佳指南。負責任的治療方式，就像此書一步步所陳述的，必須本着科學精神，從遺傳基因的影響、原生家庭人際關係與成長環境、腦神經系統的功能、身心靈等角度去了解問題成因，運用經科學研究證明有效之心理與藥物治療，加上親友、教會的關愛，支持與引導，為在痛苦中掙扎的人帶來實際的幫助。

此書亦是當前華人教會與社區有關治療抑鬱症最高品質的著作，同時也是我們最迫切需要的。筆者鄭重地將此書推薦給所有牧長、神學院師生，與所有願意從事助人事工的人。在第十章，徐教授下面這一段話令我深深感動，他說：「一想到姨媽那悲劇的人生我就不禁潸然落淚。可是後來一想，假如姨媽一生惟一的成就，是激勵我當精神科醫生，那麼她的一生，就不能説是白費了吧？在神的計劃裏，也許沒有任何基督徒的生命是枉然白費的」。在此書中，筆者不只看見一位術業專精的精神科醫生，更看見一位滿懷愛心、悲天憫人的基督徒。我相信是神呼召徐教授來寫此書，要藉着他畢生的精華來祝福所有華人。

黃維仁

2014 年 4 月 23 日於美國芝加哥西北大學醫學院

蔡元雲醫生 序

徐理強醫生是我高中的同班同學，後來我們分別在香港及加拿大升讀醫學院。當年選擇主修精神科的醫生並不太多，所以當他決定踏上這漫長的路，成為精神科醫生時，我亦有點詫異，在這本書中他深入分享心路歷程，十分感人。

徐醫生在香港、英國，及美國等著名的醫學院及醫院接受嚴謹的專業培訓，其後在精神科醫學領域裏進行研究及臨牀治療的工作，取得國際的尊崇：特別在「進食失調」（Eating Disorder）這領域成為全球權威之一，並被美國專業界認可為，最專於運用藥物治療的精神科醫生之一。

我亦曾邀請徐醫生到香港及國內主辦專題講座，其中一個課題正是「抑鬱症」；因為我已察覺這種精神病在香港及國內相當普遍。再加上大部分人對「抑鬱症」一知半解，諱疾忌醫，導致不少個人崩潰、家庭關係破裂，甚至自殺的嚴重後果。

徐醫生細心地從腦神經系統的功能，遺傳基因的影響，家庭成長的因素等角度闡釋抑鬱症的成因，進一步更深入淺出地講述治療的方法，其中一個環節是一般人最不解的：為什麼要接受相當長期的藥物治療。本書有助我們理解抑鬱症的成因，並消除我們對治療過程的抗拒和恐懼。

本書最獨特的貢獻是從信仰的角度去看抑鬱症，並探討這症與「鬼附」的分別。有信仰的人容易從信仰的角度將抑鬱症「屬靈化」：覺得一切都是靈性問題，認為治療的途徑就是禱告及輔導。徐醫生沒有低估祈禱和屬靈羣體支援的重要，他只是誠懇及專業地矯正一些錯誤的觀點。

我深信這本書對每個抑鬱症患者，或懷疑自己是否有抑鬱症的讀者會有啟導作用。對於有抑鬱症的家屬和朋友也有幫助，讓我們曉得接納，並與患者同行。對於進行心理輔導、教牧工作、青年工作、社會工作等服務專業的人士亦有一定的參閱價值。但願這本書成為徐理強醫生委身精神科醫生這專業的另一個平台，分享他的專業知識及展現輔助患者的憐憫心腸。

蔡元雲

突破匯動青年會長及突破機構創辦人

蘇穎睿牧師 序

1990 年，我還在費城的西敏寺神學院（Westminster Theological Seminary）就讀的時候，曾經受教於亞當斯教授。他本來是講道學（Preaching）的教授，但同時亦開了一課名叫“Nouthetic Counseling”的教牧學課程。我那時從沒有接觸過心理輔導，聽到他所教導的「聖經輔導學」感到很有興趣，特別是他強調，我們根本不必用臨牀心理學或精神科學去幫助情緒上受困擾的人，因為人一切的情緒困擾和精神問題都是基於人的罪性與罪行，並不是心理輔導學或精神科學可以解決的。既然《聖經》對精神和情緒問題已有很好的教導和指引，以《聖經》的話語來勸誡和輔導就足夠有餘了。他的名句“Psychiatry is the illegitimate child of psychology.”當時曾經影響了不少神學生。想不到隔了幾十年，不少基要派的信徒還深信他這一套。

我當時就把所學到的，與昔日在香港大學的弟兄姊妹分享，其中一位是徐理強醫生，他一看到我的分享，反應極大，直斥亞當斯的謬誤，認為他對心理學和精神病的無知會帶來教會極大的傷害。想不到事隔四十多年，雖然精神病學已掌握了不少新的科學知識，在治療上也有很大的突破，但在基督教圈子內，特別是在華人信徒當中，還有很多人對精神科學持不信任的態度。而一般華人社會中的普羅大眾，同樣對心理輔導和精神醫學抱着極大的懷疑，以為醫療只是治標不治本，有情緒困擾時往往拒絕去尋醫服藥，這樣的誤解可以釀成極大的悲劇。

記得好幾年前，有一位姊妹參加我牧養的教會聚會，我們教牧同工和她接觸以後，都覺得她行為有點怪異，有時表現得非常火熱興奮，但有時情緒卻又非常低落。後期當她經歷過一段非常低沉的階段之後，忽然變得非常火熱和狂躁，教牧同工因着她情緒不正常的起伏波動，就勸她看醫生。她卻罵我們不屬靈，對她心靈的情況不了解。我們便與她的丈夫討論，鼓勵丈夫帶她去看精神科醫生，他更大動肝火，認為教會沒有愛心，故意把他妻子看作「神經病」患者，結果夫妻倆憤然離開教會。未幾我們聽到消息：這位女士跳海自殺身亡，整個家庭也因此弄到家破人亡，實在非常可惜。

一般有情緒問題的中國人，對看精神科醫生或尋求心理輔導都很忌諱，以為這樣做會影響他的工作、前途和名譽；然而他們卻相當樂意去尋求牧師或傳道人的幫助。我們作為教牧同工，因此就成為應付教會裏情緒問題的前線工作者。

假如我們對情緒困擾沒有認識，或對精神問題的成因有錯解，例如持着亞當斯一派的理論，認為一切精神問題都是犯罪的直接後果，又或者附從靈恩派人士的講法，以為精神病是鬼附直接造成的問題，因而替來訪者趕鬼，這些做法只會帶給病人及其家屬極大的傷害。相反，如果我們能勸導來訪者接受專業幫助，也替他轉介合適的專業人士，那麼有些教牧同工不能處理的情緒問題，就可能得到妥善的解決。我以下述個案來解釋這做法。

美儀是一位六十歲的老華僑，在我牧養的教會附近居住。一天，她在教會門外聽到我們在教會裏唱詩，就被歌聲吸引，決定進來觀看一下。當時我們的成人團契正在聚會，我是那天的講員，剛好講解基督徒對抑鬱焦慮的看法，她聽了很受感動，一面聽一面哭。散會後，我聽她訴説，才知道原來她已經有很長期的抑鬱，預備三星期後，也正是她孫兒婚禮完畢時自殺。她以前也曾經路經我們的教會，一直想進來看個究竟，可是始終裹足不前。當天，她想到再過三星期就不可能進來了，於是便鼓起勇氣，進來教會看看，想不到我當日正好講解抑鬱焦慮的課題，打動了她的心，她便向我打開心門，把她想要自殺的祕密告訴了我。我聽後認為她很可能患上嚴重的抑鬱症，得她同意後便立即打電話給她的兒子。她兒子是一位內科醫生，不斷勸母親去看精神科醫生，但美儀堅決不接受他的建議。我和她兒子那天一同勸美儀，必須接受藥物治療和輔導，結果她下定決心接受治療。經過幾個月的藥物治療、心理輔導，及教會弟兄姊妹的關愛扶持，她的長期抑鬱就有很大的改善。痊愈後這二十年來，美儀的抑鬱症一直再沒有復發。

徐理強醫生這本書是一本重要的著作，他從一個基督徒精神科醫生的角度去討論抑鬱症的診斷與治療，並提供一些幫助抑鬱症病人的實際方法。我在此極力推介這書，我肯定一個患有抑鬱症病人，若能接受藥物醫療、心理輔導，再加上教會的關愛、支援和教導，三管齊下，就是對抑鬱症最有效的處理方法。但願神祝福徐醫生這本書，帶給華人教會與社區極大的祝福。

蘇穎睿

2014 年 2 月 12 日於美國三藩市

自 序

我是一個具有四十五年臨牀經驗的精神科醫生，並擔任醫學院的精神科教授多年。我作為基督徒已近六十年，在過去三十多年裏一直擔任華人教會的長老。我寫這本書主要有兩個原因，第一是中國人普遍對抑鬱症（亦稱憂鬱症，Major Depressive Disorder）不了解，也不注重精神健康。根據世界衛生組織（WHO）的預測，到 2020 年抑鬱症將成為僅次於心血管疾病的人類第二大疾患。

可是在中國，超過百分之九十五的抑鬱症病人，病情未得到診斷和發現，當然更沒有治療。抑鬱症不僅影響患者身體健康和生活素質，而且約有百分之十的病人最終厭世自殺，中國人的自殺率超過西方國家至少兩倍。

中國人患抑鬱症者通常表現為軀體症狀，不少人花大量時間和金錢在醫院做各種各樣測試，試圖找到藥物或其他方法，以治療諸如心跳過速、胸痛、頭痛、胃脹、耳鳴、頭暈、失眠等臨牀症狀。當醫生告訴他們查不出身體有任何疾病，可以解釋這些症狀的時候，一般人仍然不肯接受這些症狀其實是焦慮或抑鬱造成的，而且拒絕接受精神科的治療。我甚至聽聞有些父母不允許患抑鬱症的子女接受精神科治療，怕傳出去被人知道後讓家人蒙羞。

另一種情況是，當病人去看精神科大夫的時候，大夫卻根本不願多看他一眼，剛聽病人講兩分鐘就開處方，然後讓他離開。這種所謂治療，哪能有效？而且目前在國外很難找到一個會講漢語的精神科醫生，雖然華人醫生不少，可是他們當中很少有人願意選擇精神科這門專業。

最近十多年來，教會也慢慢開始注重基督徒的情緒問題。根據普查，美國教會牧師中百分之四十患過抑鬱症。目前市面上有不少從基督教信仰角度討論抑鬱症的書，可是我並不完全認同他們的觀點。

過去這五十年，我竭力把信仰引入專業上，並且落實在生活裏。我深信精神健康有信仰靈性的層面，因此我也常常為病人禱告，可是抑鬱症基本上是精神科學的問題，診斷與治療需要從現代醫學的角度來進行。把抑鬱症視為犯罪或信心不足的靈性問題，或把它看為只是一般的人生苦難，從而希望用「聖經輔導」來解決，我認為這一做法有待更多思考和驗證方可以實行。實際上，抑鬱症不能單靠「聖經輔導」

來處理，就好像肺癌不能單靠「聖經輔導」來處理一樣。我寫此書的第二個原因，即為闡明上述觀點，目的是深入探討精神科學與基督信仰之關係。

本書是寫給一般讀者的，恕我沒有把相關的資料來源一一列出。這本書之所以能完成，是因着很多人的鼓勵與幫助。首先要感謝一位不便透露姓名的主內弟兄，是他建議我寫一本有關抑鬱症的小書，他的建議讓我終於鼓起勇氣開電腦來寫。感謝我們的教會——麻省華人福音堂，多年來接納我擔任長老，同時讓我給會眾精神健康方面的教導。我感謝何若珍牧師與眾牧長們對我的鼓勵，也非常感謝蕭欽志牧師與蘇武牧師對初稿的一些寶貴建議。

特別感謝七位為本書作序的主內弟兄。蔡元雲醫生是我在高中時就認識的好友，他開創「香港突破機構」的美好見證造就了無數的人，也是華人教會裏提倡輔導的開路先鋒。張路加牧師是把生命擺上，為主付出一切的神的忠心僕人。李鐵牧師是一位極有恩賜卻堅守服事地方教會異象的牧者。這本書的主要內容，是根據我在李牧師帶領的主恩教會裏的講座寫成的。蘇穎睿牧師是我早年在香港大學時就認識的好友，他曾經在美國費城的西敏寺神學院上過亞當斯教授的「勸誡輔導」課程，他的序言以他豐富的牧會經驗角度來寫，更讓我感激不已。

初稿完成以後，另外三位主內的知心好友也對本書給予全力贊助。林國亮院長是正道福音神學院的候任院長，也是資深的家庭治療專家，他從神學與專業的肺腑之言的贊助，給我極大的鼓勵。余達心院長剛從中國神學研究院卸任，是當今世界著名的神學家，余院長以學者的身分，對本書真摯熱情的認同與贊助讓我倍感力上加力，恩上加恩。黃維仁教授是華人教會人所共知的心理學專家，他的由衷之言讓我感佩至深。在此謹向上述所有同仁的認同與支持表示衷心的謝忱！

誠然，本書中的觀點完全是從我五十年專業和基督徒經歷裏整理出來的，並不一定代表他們七位的意見。然而他們都是過去幾十年，在世界各地帶領華人教會的神的僕人，也是引領華人教會思想潮流的領袖，盼望他們的全力支持，可以消除華人教會內部某些對精神科學的偏見。

在此我特別感謝李統銓博士花了不少寶貴時間，替我修改了三十多次初稿，以增加此書的可讀性，如果沒有他的耐心幫助，這書肯定不能跟讀者見面。最後謝謝我的妻子和兒子：龍綺玲律師跟我結婚將近四十年，她願意放棄自己事業上的雄心，而無怨無悔地作我一生最好的幫手和賢內助；兒子徐浩恩在美國校園團契裏的全職服事與委身，帶給我很大的鼓勵，我就把這本書獻給他們兩位。但願這本書能把更多榮耀歸於神，同時也祝福神的教會。

本書完稿之後，有些讀者提出精神病是否跟邪靈鬼附有關，也提出我們今天如何解讀《聖經》裏鬼附的案例。我首先聲明我相信《聖經》是神的話語，雖然一般信徒並不相信，抑鬱症是跟鬼附有關，我還是認為需要加一個附篇，討論究竟精神病是否邪靈鬼附造成的問題。其次，很多人問我應該如何幫助一個患抑鬱症的病人接受治療，我就寫了附篇二來討論這問題。此外，最近網路沉溺的問題好像愈來愈嚴重，所以我加了附篇三來討論。有些基督徒認為悔改重生就直接可以脫離沉溺的網羅，我卻認為沉溺的行為心態，與一般犯罪的行為心態，是有一點差別的。要改變沉溺，悔改重生當然是第一步，卻不是惟一的一步。最後，工作與學習帶給很多信徒的壓力與無奈，直接影響他們的精神健康；所以我以附篇四來討論基督徒的工作與學習觀。華人教會對精神心理的問題，好像有不少的誤解，我盼望神使用這小書，帶來一些觀念上的更新。

如果你讀這本書時，感覺很難順序讀下去，不妨先讀第 X 章「信仰回答精神科學」，了解一些我寫此書的來龍去脈之後，再回頭逐章讀下去就比較容易了。願神祝福你。

I

情緒不好並非抑鬱

抑鬱症是什麼？如何診斷？

抑鬱症，又稱憂鬱症，是大腦神經功能紊亂而產生的一種疾病。本病主要影響人的情緒、心態、意志和期盼。抑鬱症病人感覺情緒低落、鬱鬱寡歡、缺乏動力、意志消沉；做起事情索然無味、悲觀消極、自我形象低落、毫無自信、不堪重負，甚至有輕生厭世的意念。大多數抑鬱症病人表現失眠，難以入睡，或者深夜兩、三點醒過來就不能再入睡。偶爾也可能整天躺在牀上，缺乏精力，懶得起來活動。多數病人毫無胃口，體重降低。但有些病人相反，情緒化地不停進食。

美國精神科學會和國際衛生組織都明確制定抑鬱症的診斷標準，兩者有很多相同的地方。現將美國精神科學會頒布的情感障礙診斷標準（DSM-5）一書中關於抑鬱症的診斷部分列在下表上：

DSM-5 抑鬱症的診斷標準

A. 下列病情持續至少兩週

B. 兩項主要症狀：確立診斷至少需要有其中之一

1. 情緒持續低落
2. 失去樂趣和興趣，索然無味

C. 再加上至少三項下列症狀：

1. 失眠
2. 沒有胃口，體重減輕（有時候相反）
3. 提不起勁，缺乏動力，或坐立不安
4. 自覺活着沒有意義、自卑、罪咎、心灰意冷
5. 不能集中精神、不堪重負
6. 想死、有自殺意念

抑鬱症還可能有其他症狀，如焦慮、恐懼、擔心、懼怕跟別人交往、容易發脾氣。大約百分之十的病人有幻聽和幻覺。如果病人情緒波動很大，有亢奮狂躁的症狀，那很可能就是雙向症（也稱狂躁抑鬱症）。

抑鬱症是一種疾病嗎？從醫學上來説，任何疾病都具有如下特徵：

1. 病症影響健康，降低生活品質，縮短壽命；
2. 有一致的病症，即每個病人具有同樣或類似的症狀；
3. 這些病症有一致的預後；
4. 病症對標準的治療有一致的效果；
5. 有誘發疾病的病因。

抑鬱症符合這五個特徵，所以它顯然是一種疾病。

抑鬱症跟一般人的情緒不好或感情脆弱是不一樣的。主要的區別在於，情緒不好維持的時間短，一般只是幾個小時，而且睡眠不好或食欲不振，頂多也不過是三五天。此外，情緒波動或感情脆弱並不影響身體健康，一般也不會縮短壽命，主要影響人際關係。

下面我以兩個個案來描述這兩種情況：

個案解說

個案一

一名二十歲的女生，經常情緒不好，常為了一些小事就悶悶不樂，並容易擔心焦慮。跟身邊的女孩子常發生衝突，也不時跟男朋友鬧翻。可是很多男孩子仍喜歡與她交朋友，覺得她很活潑，甚至覺得能逗她歡笑，或博取她對自己有好感，就是一種挑戰。有時候她發脾氣就流淚，甚至摔東西，或躲在房間不肯出來，但過了一陣，她的情緒似乎又好起來，又談笑風生。她有時候晚上睡不着，有時到中午才起牀，但一般還是正常的。為要減肥她每天節食，但胃口正常。跟母親關係不好，父親常不在家，平時父母二人常吵架，她覺得家裏沒有溫暖。

個案二

一名三十歲的中學教師，人很穩重，家庭關係很好。六個月前意外懷孕，心裏非常不高興，後來流產，並開始失眠，食欲不振。每天深夜三、四點醒過來後就不能再入睡，腦子裏很多雜念，胡思亂想。早上起牀，很難啟動。對着一天要做的事情，自覺不堪重負，白天精神都不能集中。經常獨自流淚，卻説不出具體的原因來，心灰意冷，有時候不自覺地會想到已經死去的父母。這種情況一直持續了三個月沒有改善。

上述個案一不合乎抑鬱症的診斷標準，可是她的情緒波動，一旦處在壓力之下，可能比別人更容易得抑鬱症或雙向症。個案二是典型的抑鬱症，符合抑鬱症診斷的標準。

附：世界衛生組織對抑鬱症的預測

按世界衛生組織於 2001 年年報的預測，到 2020 年，抑鬱症將會成為全球疾病排行榜的第二位，僅次於心臟病。到了2030年，抑鬱症更會躍升為全球疾病排行榜的第一位。

資料見：

- World Health Organization.(2001). *The World Health Report 2001 - Mental Health: New Understanding, New Hope.* Geneva: World Health Organization.
- World Health Organization.(2008). *The Global Burden of Disease: 2004 update.* Geneva: World Health Organization.

II

身體可以告訴你的事

抑鬱症的軀體化症狀是什麼？

中國人和亞洲人患抑鬱症的時候，往往有軀體化的症狀，然而這些症狀在西方抑鬱症病人中比較少見。

軀體化症狀是臨牀表現出與身體某些疾病相似的病狀，卻未能確診或發現任何身體疾病。軀體化症狀很多，一般來說包括以下這些：

- 頭痛
- 頭暈
- 頭昏腦脹
- 眼花耳鳴
- 胸悶
- 心痛
- 呼吸困難
- 氣喘
- 心跳加速而心慌
- 胃脹
- 胃痛
- 怕冷
- 冒冷汗
- 發抖
- 記憶喪失
- 健忘＋精神無法集中
- 渾身無力

這些軀體化症狀，在東方文化裏特別普遍。有些人把這些症狀稱為「神經衰弱」，或「植物神經功能障礙」。

專家認為中國人特別容易把抑鬱症軀體化，可能有兩個理由：

1. 面子問題：覺得承認自己有精神問題是羞恥的。以軀體化症狀來表達抑鬱，比較不失面子。
2. 缺乏精神情緒問題的概念，以為抑鬱不屬於疾病範疇，因此表現出來的症狀，基本上是抑鬱症的身體病症。

下面幾個個案，描述軀體化症狀的情況：

個案解說

個案三

一位四十歲的工程師去找腸胃科專家，表示過去六個月患有胃脹和胃氣，沒有胃口。腸胃科醫生開了胃藥，用藥後情況稍有改善。四週後再去看腸胃科醫生時，又說睡眠不好。醫生開安眠藥，效果不顯著。第三次就診的時候，腸胃科醫生建議他找精神科醫生。病人不願意，後來因着妻子堅持才找精神科醫生。精神科醫生跟他們討論病歷，病人開始訴説自己無精打采、精神不能集中、焦慮、情緒低落，也承認已經不是第一次有這些症狀，並且每次發病都跟生活壓力有關。精神科醫生開了米氮平（Mirtazapine），病人服了兩三週以後，症狀消失。

個案四

一名三十來歲的女企管經理表示胃痛，但各項測試包括胃鏡檢查都找不到腸胃和肝膽有什麼問題。服幾種胃藥後也沒見效，腸胃專家建議用管子插進胰臟檢查，可是病人的家庭醫生認為有風險，建議先找精神科，病人拒絕。家庭醫生開給她抗抑鬱症藥物，告訴病人説是用來治療胃痛，不説病人有抑鬱症。病人半信半疑，服了三週後胃痛消失。此時病人開始承認其婚姻有矛盾，且工作壓力很大。曾數次想停藥，結果胃痛又復發，後來堅持服藥一年，胃痛沒有復發。

個案五

一名三十歲的家庭主婦第二次結婚，生小孩後，非常怕冷，大熱天也要穿棉襖，蓋棉被，每天躺在牀上，無法起牀。醫生檢測後表明病人甲狀腺功能正常，身體其他功能也都正常。醫生建議她服抗抑鬱症藥，可是她拒絕。中醫說是產後身體虛弱，可是天天服中藥效果不顯著。臥牀十八個月後，才逐漸好起來。

中國人患抑鬱症，至少百分之六十的人抱怨的不是情緒低落，而是軀體化的症狀。用抗抑鬱症藥物治療這些症狀，效果通常非常好。

III

大腦影響心理的實證

抑鬱症是心理問題？生理疾病？

過去三十年，在科研方面，對大腦神經功能測試的技術有了顯著的進展。以前認為是心理的活動，現在可以用大腦掃描，直接看出這些心理活動背後的大腦功能。目前掃描技術如功能磁共振成像（fMRI）、正電子發射斷層掃描（PET scan）等，都可以測出一般的心理活動，如母愛、快樂、驚恐、疼痛等。抑鬱症所致的大腦功能紊亂，其中也有一部分可以被測試出來。

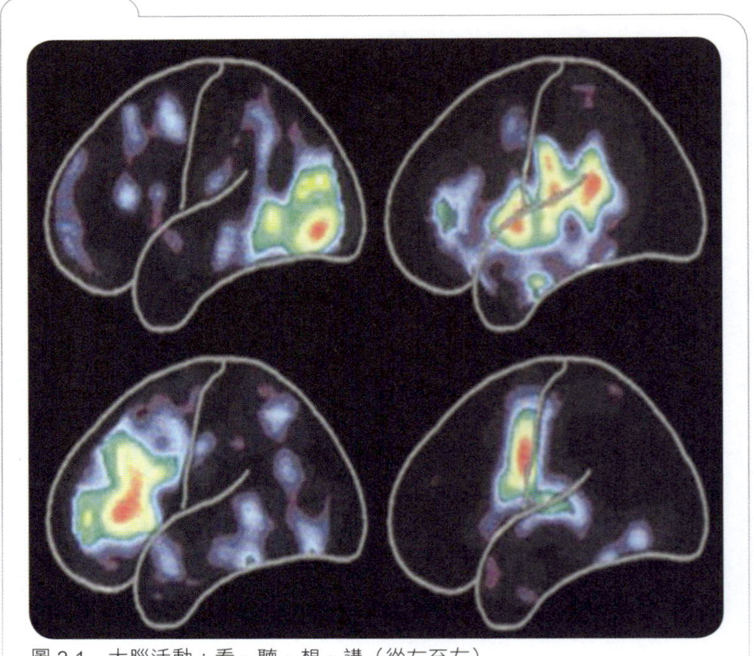

圖 3.1　大腦活動：看、聽、想、講（從左至右）

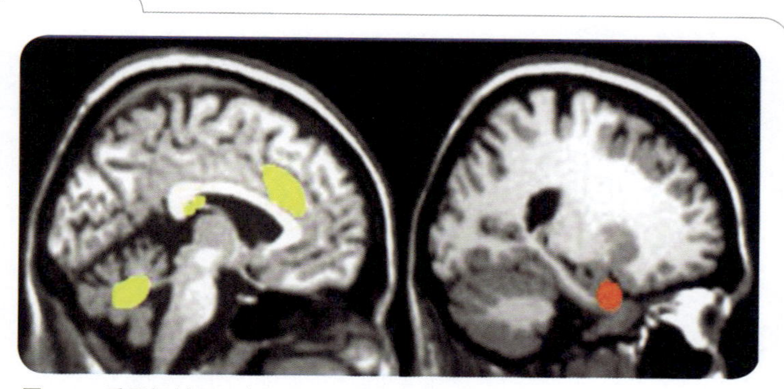

圖 3.2　愛跟懼怕可以在 fMRI 上看到（從左至右）

最近幾項科學發現，加強了的心理現象與大腦生理功能密不可分的關係。很多母親聞到她初生嬰兒的香味，心裏不禁產生溫馨母愛。這心理現象，是因為嬰兒的香味，直接影響母親大腦多巴胺的濃度。貓糞便裏的弓形蟲，進入老鼠大腦後，影響老鼠的大腦功能和網路，使老鼠不怕貓，因此容易被貓捉到。

一些青年人表現有容易犯法的傾向，他們刻意牴觸法律，似乎跟他們天生對懼怕的條件反射偏低有關，他們因而不怕懲罰。而且他們大腦裏的單胺氧化酶不夠，因此缺乏調適自己情緒的能力。相反，心理現象也可以改變大腦功能，學習拉小提琴，可增強大腦細胞區域對手指靈活度的操控就是一個例子。另外，認知治療對思想模式的改變，是透過改變大腦神經（特別是前腦）的一些網路。

目前，絕大部分專家認為心理現象都是有大腦生理活動基礎的；儘管我們還不能完全解釋大腦生理現象如何轉化成為心理現象，我們也不理解大腦功能如何造成每個人的自我意識，而且我們也未能找出產生每個心理現象的個別大腦功能。我們現在只能說心理現象與大腦功能有密切的關連，卻不能說心理現象就完全等同於大腦活動。可是我們認為，所有心理現象都建基於大腦的生理活動，這點基本上是無可置疑的。

抑鬱症是靈性的病？

可是，如果心理活動建基於大腦生理活動，基督徒一定會發問：那麼靈魂的功能又如何顯示呢？我看過好幾個案例，是曾經靈性很好而且讓許多人因着他們的服事而蒙福的基督徒，到老年時卻得了腦退化症（或稱愛爾斯默症），不但記憶喪失，整個人的個性也都改變了。看到他們歇斯底里的喊叫，粗暴失控的行為，毫無自尊的脫衣，教我不禁自問：那個以前可愛溫柔、彬彬有禮的基督徒，他 / 她的靈魂到哪裏去了？這問題且讓我留到這小書的最後一章來討論。

我們知道，精神現象受大腦活動的調控，那麼，有沒有一些客觀的檢測能顯示大腦異常的活動或功能呢？目前，至少有六種檢測可以測試出大腦功能紊亂與抑鬱症有關。

1. 大腦皮層腦細胞減少。
2. 大腦神經通路的幾種介質功能降低。這些介質包括：多巴胺、五羥色胺、單胺氧化酶。
3. 睡眠腦電波變化：包括「快動眼睡眠」往前移動，「快動眼睡眠」的腦電波幅度減低。
4. 下丘腦－垂體－腎上腺軸功能亢奮。
5. 生長激素在遇刺激後分泌過高。
6. 最近美國 Ridge Diagnostics 化驗室已經發現，對抑鬱症病人進行血液檢測，用以證實抑鬱症的臨牀診斷，這項血液檢查已獲得美國政府食品與藥物管理局（FDA）的批准。

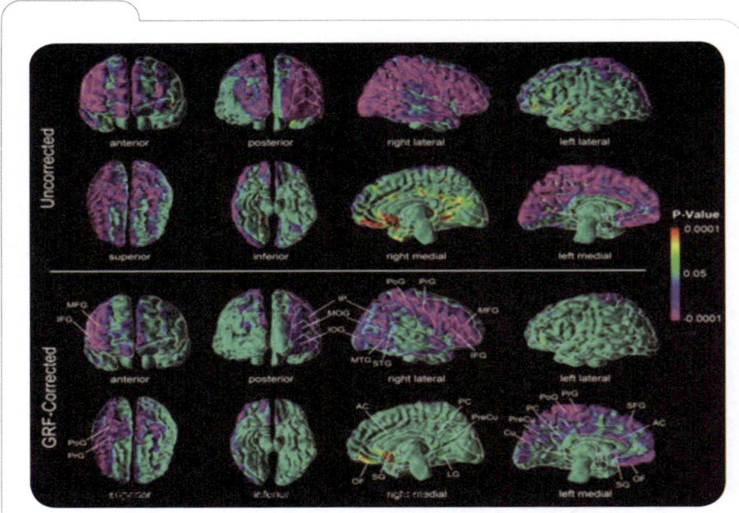

圖 3.3　抑鬱症大腦皮層細胞減少

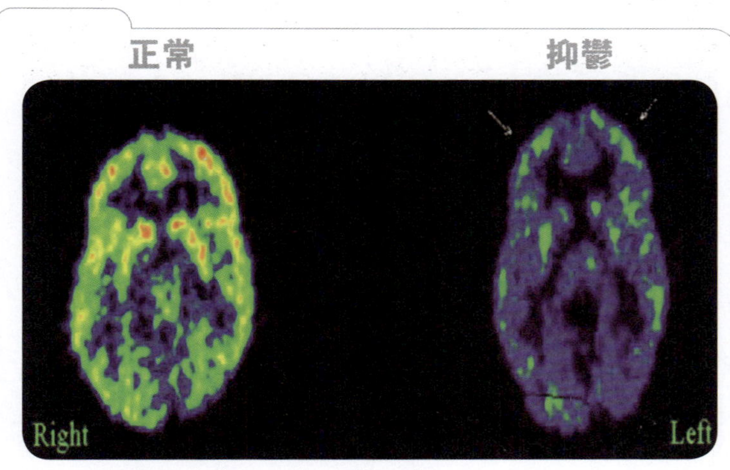

圖 3.4　大腦羥色胺受體：正常和抑鬱分別

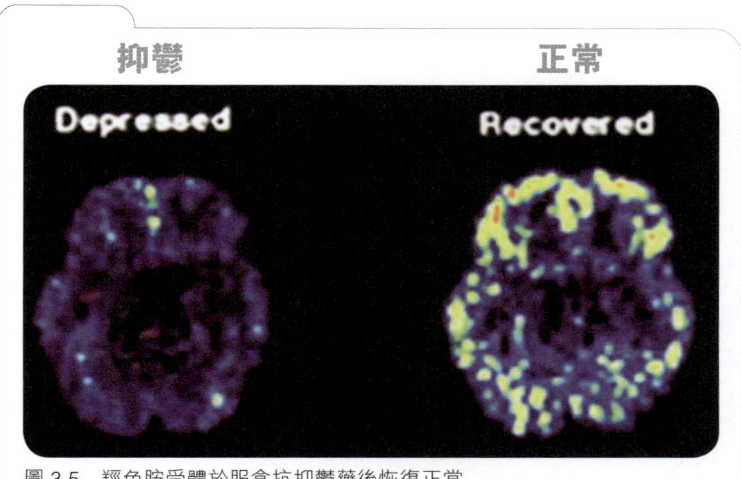

圖 3.5　羥色胺受體於服食抗抑鬱藥後恢復正常

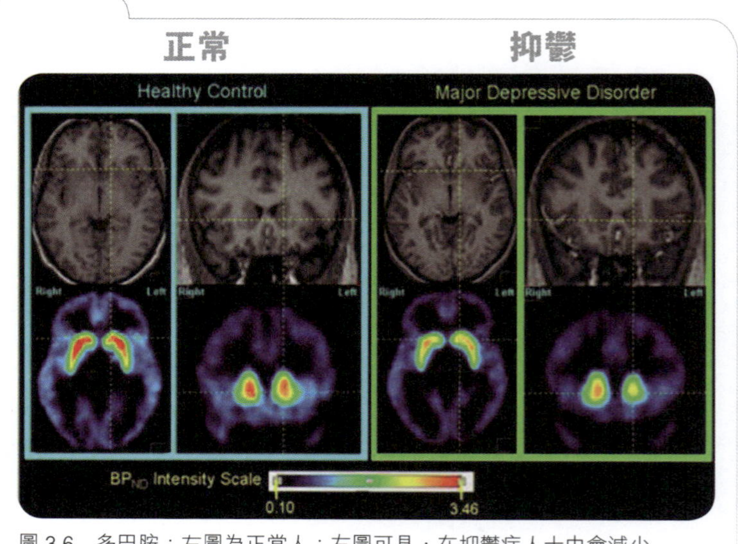

圖 3.6　多巴胺：左圖為正常人；右圖可見，在抑鬱症人士中會減少

從以上各種的測試證明：抑鬱症確是大腦神經功能紊亂所致的一種疾病。可是有些基督徒反對這個觀點，認為抑鬱症病人的症狀不是病，而是靈性軟弱的表現。我們在第 VI 章「信仰是助力也是阻力」裏再回頭來討論這個問題。

IV

基因與環境影響患上情緒病的機會

抑鬱症的成因：基因與環境的互動

目前西方醫學界認為，絕大多數的疾病，無論是身體的，還是精神的，都是因着基因與環境互動而產生的。舉例來說，肺結核雖然是結核細菌造成的病（從醫學上來說，細菌是大環境的一部分），可是每個人被結核細菌感染的機率，卻跟社會經濟環境條件與自己免疫功能有關，而免疫功能就是基因控制的。當然，絕大部分的意外受傷是環境因素造成的，跟基因沒有直接關係。可是，如果意外受傷是因為他們急躁、冒險，那麼這些人的意外受傷，也就有基因影響的行為、心態的因素在內了。

人類的基因組成

我們上面已經說過，精神病包括抑鬱症其實都是大腦神經功能紊亂而產生的心理疾病。我們先來簡單解釋一下人類的基因組，然後再來討論抑鬱症的成因。

基因是由脫氧核糖核酸（DNA）組成的。我們知道，人的 DNA 由兩條長鏈形成所謂「雙螺旋結構」，每條鏈上排列着核苷酸。人有四種核苷酸，為了方便解釋，我們簡稱它們為 A、G、T、C。這四種核苷酸排列成兩條配對互補的長鏈，一條鏈上的 A 配對着另外一條的 T，而 G 配對着 C。DNA 通過轉錄，把遺傳信息從一代傳到下一代。轉錄過程極其精確但比較複雜，我們就不在這裏討論了。

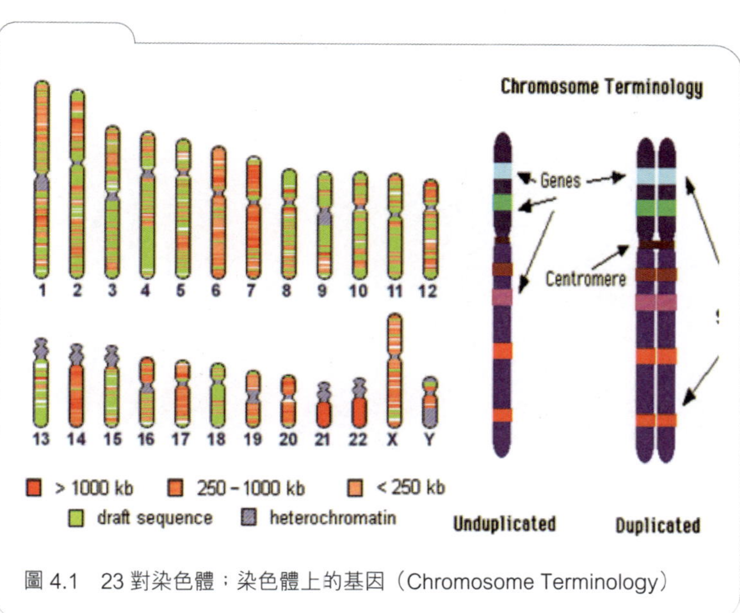

圖 4.1　23 對染色體；染色體上的基因（Chromosome Terminology）

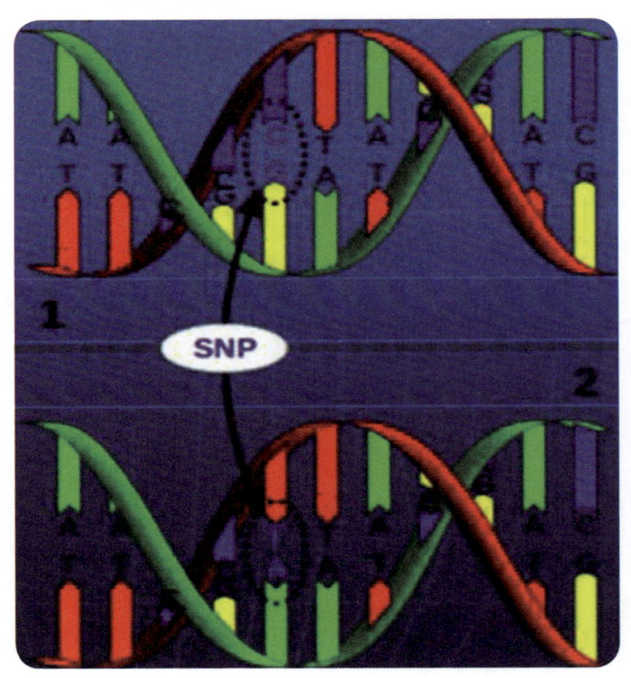

圖 4.2　基因：DNA

說明

- DNA= 脫氧核糖核酸
- 兩條長鏈
- 裏面排列 4 個核苷酸：A, T, G, C
- 一條鏈上的 A 配對另外一條鏈上的 T；G 配對 C

人體每個細胞的細胞核裏，有二十三對（四十六條）排滿了 DNA 的染色體，每個人從父母親那裏各承受二十三條染色體。另外在細胞質裏有線粒體，線粒體裏也有少量 DNA，這些線粒體 DNA 全是從母親遺傳下來的。

上面説過的核苷酸配對（A-T 和 G-C），每對稱為堿基對。人類的基因組一共大概有三十二億（3.2 Billions）堿基對。可是這龐大的堿基對序列中，只有大約兩萬一千個基因序列，加上線粒體裏還有大約十三個基因。相對來説，大米有大約五萬基因，葡萄三萬，狗大約兩萬五千，老鼠兩萬三千，老虎和貓兩萬，蛔蟲兩萬，雞一萬六千，果蠅一萬三千。

基因的功能，主要是以編碼方式在體內製造氨基酸和蛋白質。這些蛋白質，直接影響細胞和身體的各種功能。換句話説，基因並不直接影響人體功能，而是透過編碼合成出來的不同蛋白質來影響機體功能。可是，整個基因組裏百分之九十八的堿基對序列之功能不是製造蛋白質的基因，那麼這些非基因序列的堿基對的功能是什麼呢？目前我們還未完全清楚。可是我們知道，它其中的一個功能是控制基因的表達。基因的功能需要經過表達才顯示出來，其步驟是指導編碼並合成各種不同的蛋白質。

人類的基因，有百分之九十八與黑猩猩相似，甚至有百分之五十與無脊椎的低等動物相似。可是，人類基因數目相對來説不算大，但卻具有很大而且極其複雜的操縱系統。所以，從生物學的角度來説，人類的形態、心理與行為特徵與其他動物截然不同，其奧妙主要在於人類特殊的基因功能操控與表達，而不在於特別的基因結構或基因的數目上。當然，我不能忽略「靈魂」對人性的影響，這一點我留到最後一章來討論。

每個人的 DNA，包括各個基因，排列在不同的染色體裏，基因在染色體上的位置是固定的，稱為位點。人與人之間等位基因（即排列在同一個位點的基因）的差異，少於百分之一。每個基因是由不同的核苷酸配對組成的，如果其中的核苷酸配對的序列與正常的序列有些微小差別，這微小差異稱為基因多形性，如果序列差異很大，卻是基因突變的結果。

此外，基因序列有時候有好幾個複製的拷貝，也有時候被刪除，這些序列拷貝的複製或刪除，不但可能造成人與人之間的特性差異，還可能造成某種疾病。目前，基因序列拷貝數目的差別（Copy Number Variation, CNV）是基因學熱門的研究專案之一。

基因與抑鬱症

我們怎麼知道抑鬱症是由基因的因素造成的呢？這就需要從單卵雙胞胎（Monozygotic Twin）跟雙卵雙胞胎（Dizygotic Twin）有抑鬱症的一致性的機率（Concordance Rate）來討論了。雙胞胎分兩種：從單卵或雙卵而來，單卵雙胞胎的基因基本上是百分百相同的（雖然也因基因突變跟拷貝因素而有些微差異），而雙卵雙胞胎的基因卻只有百分之五十相同。一致性是指當一個雙胞胎有某一個病，另外的那一個也有同樣的病。

如果某一個病的一致性，在單卵雙胞胎中比雙卵雙胞胎中要高很多，那麼這病的基因因素，就比它的環境因素要大了。目前，由於我們對基因譜跟基因的功能還不太了解，我們就只能以這方法來決定某一個病的基因和環境的因素；將來對基因的了解增加後，就可以比較準確區分兩者的關係了。

我們先看雙胞胎的特徵的一致性：這圖表告訴我們，體高、體重和智商都跟基因影響很有關係：（圖中單的資料表示單卵雙胞胎，雙 的資料表示雙卵雙胞胎）：

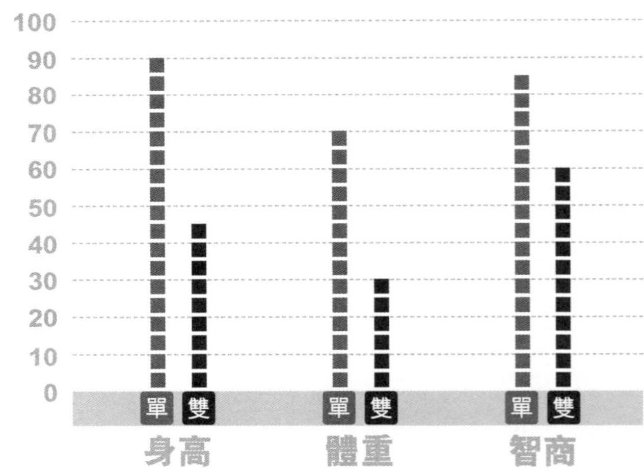

圖 4.3

其次：糖尿病第一型的基因因素比第二型要大；

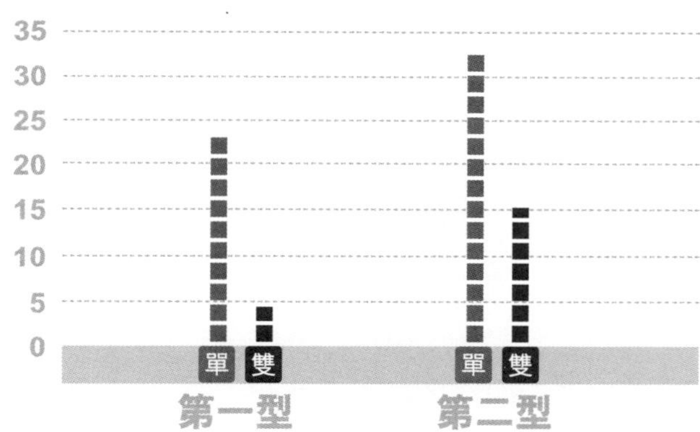

圖 4.4

第三：血壓高、血脂高、血糖高也是基因因素影響的。三高的話，基因的因素就很強了。

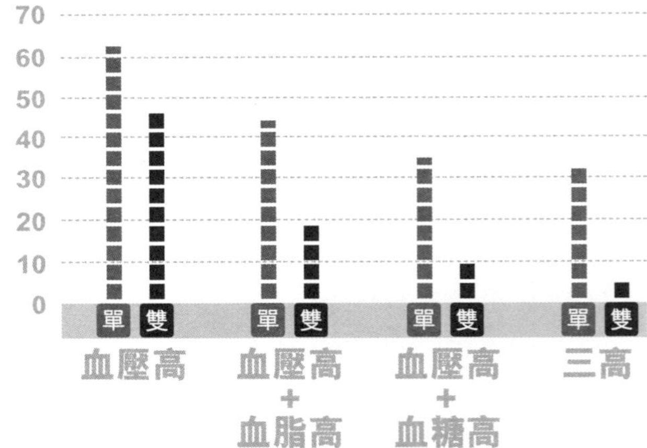

圖 4.5

第四：精神病如自閉症、精神分裂症（也稱思覺失調症）、抑鬱症、愛爾斯默症（老人癡呆症）跟基因影響很有關係：

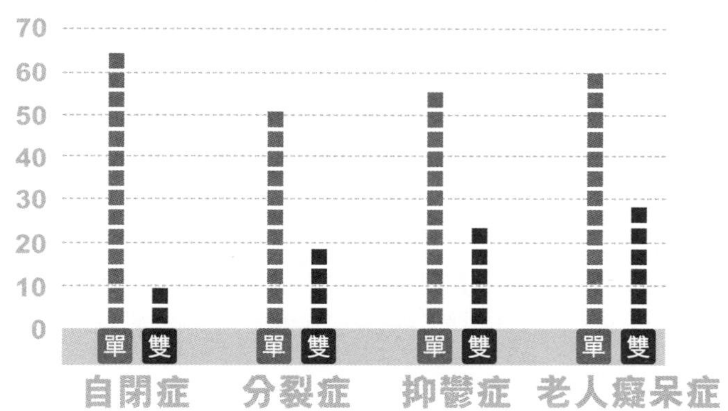

圖 4.6

到目前為止，研究已發現三個有可能誘發抑鬱症的基因或區域：

一、五羥色胺啟動體，5HTTPLPR；

二、膽鹼受體毒蕈堿二，CHRM2；

三、染色體 3p25-26 區域。

從目前的發現看來，在這幾處等位基因多形性的人，在壓力下情緒比較容易波動，從而導致抑鬱和焦慮。當然，我們需要更多的研究來進一步證實這些發現。而且，這幾處的基因差異就算被證實，也只能解釋少數抑鬱症病人的基因異常，所以我們需要對抑鬱症的基因結構與功能更多更全面的了解。

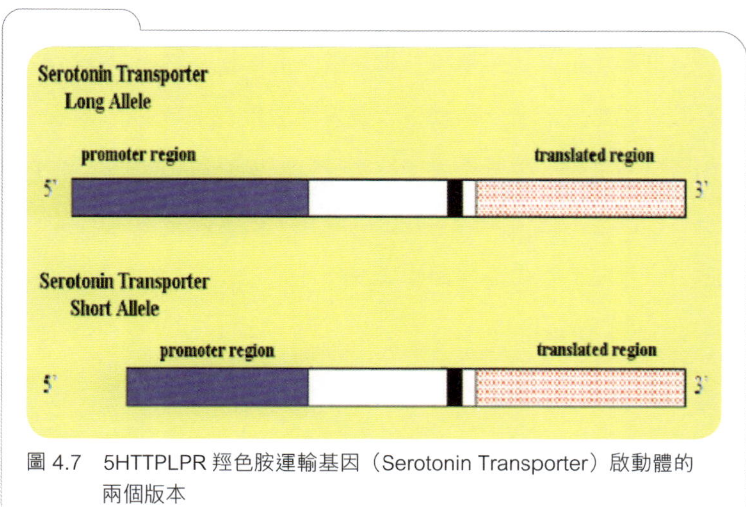

圖 4.7　5HTTPLPR 羥色胺運輸基因（Serotonin Transporter）啟動體的兩個版本

抑鬱症與環境因素

誘發抑鬱症的環境因素，一般是一些造成負面情緒的打擊。最常見的打擊，包括親人死亡、自己或家人生病、失業（如果是學生，那就是失學，成績出問題）、感情上的問題如夫妻婚姻矛盾、失戀，或與別人發生矛盾衝突，意外受傷等。其他環境的變化或壓力，如搬家、變換職業、進大學、缺乏扶持、性情孤僻，或個性造成的孤僻，容易跟別人發生矛盾，或壞習慣如酗酒、吸毒、賭博，都可能誘發抑鬱症。

抑鬱症是基因與環境互動而產生的，但基因不是決定或控制人們命運的單一因素。一個人雖然帶有抑鬱症的基因，如若環境良好，他就不會得抑鬱症。反過來説，一個人雖然沒有抑鬱症的遺傳基因或基因的變異，但當處身惡劣環境，壓力很大時，也可能得抑鬱症。

基因與信仰的關係

在這裏附帶提兩個有關基因與信仰的事情。

第一：人類墮落以後，基因產生的身體和心態行為上的特徵，有些是好的，有些是不太好的。舉例來説，智商的高低受基因的影響很大，當然也有環境因素在內。明顯地，智商低的人不能因此就説既然天生我的智商低，那我就不需要去處理自己的事務。同樣，壞脾氣有部分是基因影響造成的，可是我們不能説，既然我的壞脾氣是天生的，我就可以隨便發脾氣。抑鬱症的病人，不能説既然我的抑鬱是天生的，我就不需要接受治療。縱然我們不能改變基因，我們還是有責任去處理基因帶來的後果。

換句話説，基因特徵跟道德對錯是兩碼事。今天，同性戀是先天的還是後天的是一個很大的爭論話題。根據目前的證據，同性戀的性取向（意思説對同性有性吸引）是有部分基因因素造成的。可是，我們不能因此就認為同性戀行為從道德上來説是對的。

第二：目前基因學的發現，跟《聖經》並不矛盾。基督徒相信，科學是神自然啟示，《聖經》是神特別啟示。既然神是這兩種啟示的源頭，經過考證的科學發現，跟正確的《聖經》解讀，不應該互相有矛盾。舉例來説：每個人線粒體的基因是從母親遺傳得來的，這就説明目前在世界上的人類，都是從一個女人而來。男人的Y染色體，是從父親遺傳得來的。

這也説明：目前所有男人都是一個男人的後裔。數學上的推算，也説明目前人類的一個男祖先，跟目前人類的一個女祖先，很可能在十多萬年前，同一個時期出現在世界上。這些發現，雖然嚴格來説，不能證明〈創世記〉的記載，可是説明《聖經》與科學並不矛盾。

此外，人壽命的長短，與其染色體上的端粒體的長短有關。端粒體的長短，跟適當的營養、鍛煉、壓力有關。過去一百年間，西方人類的壽命已經比一百年前長了三十多年。換句話説，端粒體的長度跟環境與健康因素有關。〈創世記〉裏有些人活到九百多歲，也就不是神話或幻想而產生的記載了。

V

不少華人也患病

抑鬱症究竟有多普遍？

抑鬱症的流行率，每個國家不同。根據國際衞生組織在 2002 年的統計，在西方社會裏，成年人一生的發病率是百分之五到百分之十。

在中國和日本，卻只有百分之二。一般行內人士都認為，這偏低的資料並不表示中國人和日本人精神健康特別好，所以不容易得抑鬱症；而是因為東方人愛面子，不肯承認自己有抑鬱症。這情況在香港人和美國洛杉磯的華人中也很明顯，抑鬱症的流行率在香港和洛杉磯都偏低。最近這種片面否認自己有抑鬱症的傾向已經有所改變。2009 年在香港和中國大陸的兩個普查中都發現，中國人羣中抑鬱症的流行率，達百分之八左右。

可是，這些普查的結果並不意味着所有患抑鬱症的中國人願意接受治療。最近的一項研究發現，中國的抑鬱症患者中，仍然只有很少數的病人（少於百分之五）曾經接受過治療。

抑鬱症若不接受治療，其結果可能是很嚴重的，大約有百分之十的抑鬱症病人最終因絕望而自殺。中國人的自殺率，比西方國家多兩到三倍。中國人需要正視抑鬱症問題，這是現代社會刻不容緩的事情。

附：香港抑鬱症情況大概

- 2012 年，香港有醫院錄得十八歲以下人士，因抑鬱問題的求診人次達六千多宗，當中更有九歲兒童向社工求助，情緒問題趨於年輕化。
- 2013 年，香港醫管局統計資料顯示，本港已有超過三十萬人患上抑鬱症，比例是全球平均值的三倍。
- 根據統計處發表的 2013 年《香港的女性及男性 —— 主要統計數字》，患有精神病 / 情緒病的女性約有五萬人，較男性的三萬人為多。
- 在 2011-2013 年，每年因各種精神病而向其轄下精神科專科門診求診的人次超過七十萬，當中約二十萬人次為情緒病患者，約十五萬人次則為焦慮症患者。
- 在 2010 年，共有於超過三萬九千名年齡六十五歲及以上在社區居住，曾到衛生署轄下十八間長者健康中心接受健康評估的長者中，發現按長者抑鬱量表，具抑鬱症狀的長者佔百分之四左右，有關比率於女性長者較高，並隨年齡增長而上升。

- 2010年，公營和私家醫院共錄得超過二千六百宗抑鬱發作或復發性抑鬱障礙的住院病人出院及死亡人次。當中約百分之七十一為女性，約百分之二十五則為年齡介乎四十五至五十四歲人士。

資料來源：衞生防護中心

VI

信仰是助力也是阻力

為什麼基督徒可能得抑鬱症？
信仰對病人有幫助嗎？

基督徒有新生命，有《聖經》、聖靈，以及教會的教導與幫助，為什麼還會得抑鬱症呢？最簡單的解釋：因為他們的基因並沒有改變。所以，基督徒可能得抑鬱症，就好像基督徒可能得高血壓、糖尿病、癌症，或傳染病一樣。

基因的毛病，是世界墮落的結果，只有在天地更新，身體完全得贖的時候才可能改變。當然，堅定正確的信仰可以幫助基督徒減少環境的誘因，但不能改變他們的基因。如果基督徒有導致抑鬱症的基因，就算靈性很好，信仰非常堅定正確，也可能得抑鬱症。

上面已經提過，有些基督徒不認同這想法，因為他們認為抑鬱症不是一個具體的病，而只是人生苦難的一種；抑鬱焦慮，基本上是因為靈性和內在信念體系出了問題。

1970 年，美國著名的改革宗師威斯敏斯特神學院（Westminster Theological Seminary）實用神學教授亞當斯在他寫的《聖靈的勸戒 —— 成功的聖經輔導》（*Competent to Counsel*）一書中，提出他對當時美國臨牀心理學的挑戰與質疑。他認為精神病是虛構的而實際上不存在，因為精神病不能被客觀的測試如驗血或 X 光驗證。在他個人的經驗裏，他認為精神病院裏被診斷為抑鬱、焦慮、精神分裂症的病人，大概都是些不願意面對自己該承擔的責任，而躲在醫院裏逃避現實的人。他認為抑鬱、焦慮、情緒波動起伏的症狀，絕大部分是與靈性不好或不肯認罪有關。

亞當斯還提出應該用「聖經輔導」（起先亞當斯稱這輔導為「勸戒輔導」，Nouthetic Counseling，後來他的接班人修改了他的一些理論，把名稱改為「聖經輔導」Biblical Counseling）來幫助教會裏有精神或情緒問題的人，而不是把他們轉介給臨牀心理治療師。

抑鬱症作為一種病

在這裏我們先來討論抑鬱症是不是一個具體的病。至於「聖經輔導」是否有效，我們留到第 VII 章「觀念影響病情」裏面來討論。

精神科學在過去四十年有長足的進步，抑鬱症和其他精神障礙所致的大腦功能紊亂，現在可以用腦掃描或血液檢查測試出來；有可能誘發抑鬱症的基因，也已經找到幾個。所以，當年亞當斯對精神科學的質疑和批判，現在已經有些答案。誠然，精神病人是否需要為自己的病症負責任，所有症狀如抑鬱焦慮、恐慌、狂躁、幻聽、懷疑、錯覺等，是否有一部分在病人的掌控之下，仍然是個複雜的問題。簡單來說，今天一般精神病醫生認為病人還是需要對自己的病狀和行為負責任的。可是，也不能認為這一切的症狀，都是病人為要逃避責任捏造出來。況且，犯罪或信心不足不可能是抑鬱焦慮的主要原因，因為每個人都是罪人，也都經常犯罪，每個基督徒的信心也常常不足，可是只有百分之十的人患抑鬱或焦慮，難道其他百分之九十沒有抑鬱焦慮的人，信心都很足夠，也都比較不容易犯罪嗎？更明顯的是，許多人的抑鬱，是別人犯罪造成的結果。例如：一個青年人被酒駕的人撞死，隨後他母親的抑鬱，難道不是這酒駕的人造成的，反而是她自己犯罪或信心不足的結果嗎？一個被強暴的女子，或一個被虐待的小孩，遭創傷後遺留的恐慌與焦慮，難道是他們自己的罪或信心不足產生的？

我們承認，每個人自己犯過的罪或信心不足，僅僅是可能誘發抑鬱症的原因之一，但並不是最重要或最普遍的誘因。抑鬱症是因着基因跟環境互動而產生的大腦功能紊亂。

一些基督徒可能得抑鬱症，因為在他們身上仍然還有今生不能擺脱的比較，不能承受壓力的基因。此外，多數抑鬱症病人的確感覺內心黑暗枯乾，毫無喜樂，讀經禱告敬拜唱詩的時候，味同嚼蠟；在靈修時心裏毫無神的同在，心灰意冷，甚至覺得生不如死。可是，這些症狀是抑鬱症的後果，不是造成抑鬱症的原因。可惜今天很多基督徒不分青紅皂白，武斷地認為，抑鬱症的心理狀況是病人得病的原因，而非得抑鬱症的後果，並因此責備病人，要求他們承認隱而未現的罪。這樣做不但對病情毫無幫助，反而增加病人的內疚自責，其結果猶如在傷口上倒醋（箴 25：20），而不是照着彼此相愛的原則來幫助病人獲得醫治。

抑鬱症是靈性問題？

今天，許多「聖經輔導」專家，雖然語氣不如亞當斯那麼強烈自信，可是基本上還是堅持亞當斯的理論，認為所有的精神病（如抑鬱症）實際上是靈性的問題，而不是基因與環境互動引起大腦功能紊亂的疾病。舉例來說，亞當斯的一個接班人韋爾契博士在他寫的一本書《憂鬱症重生之歌——從心靈哀慟變為喜樂達人》（*Depression：Looking Up from the Stubborn Darkness*）裏，詳細地討論了他對抑鬱症的看法，也討論了他如何用「聖經輔導」來幫助病人走出憂鬱。韋爾契博士認為所謂抑鬱症只是人類痛苦經歷的其中一種而已，他認為雖然抑鬱症可以根據美國精神科學會定下的診斷標準來診斷，這卻並不代表它就是一種病。

韋爾契博士對藥物治療抱着很大的懷疑，他雖然否定抑鬱症是心靈犯罪或信心不足直接造成的（在這一點上，我們可以説，韋爾契的觀點，比亞當斯的觀點進步了），但他卻認為所謂的抑鬱症，無論輕或重，基本上是一個靈性的問題。他肯定：抑鬱症的核心問題，是一個內在信仰體系的問題（122，137 頁）。換句話説，造成抑鬱症的主要原因，是靈性不好造成內在信念體系的扭曲。韋爾契博士的立論是：抑鬱焦慮的誘因雖然很多，但它們並不足夠造成抑鬱症，因為造成抑鬱症的基本問題，是個人的內在信念系統與他跟神的關係扭曲了。換句話説，抑鬱症的核心問題是靈性上的，是個人對神的信念，和對神話語跟環境誘因的解讀出了問題。

因此，他認為輔導應該針對來訪者與神的關係，以《聖經》的話來改變他內在負面的信念以及對事物的解讀，也同時幫助他接受抑鬱症正面的意義（137-157 頁）。從這些基礎上，他建議以《聖經》來改變來訪者對誘因的解讀：比如他們的人際關係、魔鬼的攻擊、神的管教、各種社會文化因素、死亡的威脅、心中隱藏的恐懼、憤怒、失望、罪咎等。換句話說，內在信念系統如果「聖經化」了，病人就有足夠抵擋抑鬱症環境誘因的能力。

韋爾契博士在他的書裏，的確帶給讀者很多安慰與鼓勵的話。我把他的觀點陳述出來，因為我知道他的書在美國華人神學院和教會裏，是很受歡迎的。他寫的書，也是海外華人神學院的教科書。雖然我認同韋爾契博士大部分的教導，可是，對這些新一代的「聖經輔導」學者的觀點，歸納來說，有四個方面我不能認同。我堅持認為：

第一，抑鬱症是一種具體的疾病，是基因與環境互動引起的大腦神經系統功能紊亂造成的，跟一般情緒不好，感情脆弱不同。換句話說，抑鬱症基本上不是一個靈性的問題，就如各種癌症基本上不是靈性問題一樣。

第二，每個疾病都有靈性的層面，不單是抑鬱症有。我相信疾病是人類墮落的結果，這墮落帶來四種關係的破裂：人與神、人與人、人與環境、人與自己的關係都破裂了。人的疾病是跟這四個關係的破裂有關的（抑鬱症特別是人與自己跟與別人關係破裂的表徵），因此可以説，所有疾病都有一個屬靈的層面。如果説基督徒得抑鬱症是重生之歌，那麼基督徒得癌症也應該是重生之歌。因為在疾病過程中，每個病人都應該不僅尋求病得醫治，也應該同時尋求對四種破裂關係的修補，靈命因此得到更新。所以，接受治療與靈性被更新，雖然是兩碼子事，卻有時候可能產生良性互動。我在下一章再回頭討論這問題。

當然，每個人，無論有病無病，都應該靠神來修補這四種關係的破裂；可是，一般健康無病的人，往往沒有這種自覺跟意願，遇到重病的時候才發現自己生命的脆弱，才開始思考人生的意義與問題。

第三，我承認有些抑鬱症的病人有負面的信念，他們內在的負面觀點，對事物悲觀的解讀，增加他們情緒的壓抑。

認知治療的創始人貝克（Aaron T. Beck）幾十年前就已經提出，從改變負面認知來輔導抑鬱症的觀點。可是，我認為這負面的信念和對事物的解讀，很多時候是抑鬱症帶來的後果，而不是導致抑鬱症的成因。當然，輔導需要針對這些負面的信念，改變這些信念體系很多時候的確對抑鬱症有幫助。儘管如此，負面的信念與靈性的強弱跟是否得抑鬱症，並沒有一個簡單直接的因果關係。非基督徒的信念體系扭曲，但大部分並不抑鬱。反之，很多靈性很好卻患了抑鬱症的基督徒，他們的信念體系並不扭曲。下面我提到教會歷史上一些基督徒得抑鬱症的案例，再回頭討論這一點。

第四，嚴重的抑鬱症是必須用藥物治療的，不能單靠「聖經輔導」。我以下面兩個個案來強調這一點，也在下一章更詳細的討論以「聖經輔導」來治療抑鬱症的困難。

個案解說

個案六

一名三十歲的姊妹，產後第三天開始非常抑鬱，徹底失眠，擔心焦慮。她怕接近嬰兒，因為她有一種想要傷害嬰兒的不可理喻的衝動。她非常自責內疚，認定自己不是一個好母親。教會來為她按手禱告，也有人來替她趕鬼。過了十天，她哭笑無常的情況好像平靜下來，可是臉上毫無表情，眼目呆滯，行動緩慢。這是她的第二胎，因為又是生女兒，男家不滿，教會也跟男家做輔導。她姊姊產後也曾經有過同樣症狀，可是十天之後就慢慢好起來。這次，她的家人也曾經考慮過，是否需要尋求精神科治療，可是最後覺得還是要從好處想，信心不要動搖。結果在產後二十天，她從陽台上跳下自殺。

個案七

一名四十來歲的傳道人，忠心服事主十多年，工作結的果子很多，可是他突然變得非常抑鬱焦慮，毫無動力，思想不能集中，徹底失眠，而且竟然常常想到自殺。以前的信心，奮鬥的精神，完全消失。很多基督徒為他禱告，鼓勵他要有信心，可是一點不起效。後來一對美國傳道人夫婦，堅持把他帶到精神科醫生的診所去看病。他服抗抑鬱症的藥幾週後，情緒開始恢復正常，他才領悟自己當初失去信心，意志消沉，有自殺輕生的意念，是抑鬱症的病徵與後果，而不是靈性出問題，更不是導致他得抑鬱症的誘因。他家族抑鬱症歷史很強，後來他的抑鬱症又復發了幾次，並且還帶有雙向症狀，每次都跟他停止服藥有關，也都需要正確的藥物治療之後才痊愈。這個案的尾聲，我留待下一章再討論。

基督教歷史中的抑鬱症患者

我必須在這裏附帶一提，外國基督徒心理學家大部分並不認同「聖經輔導」的理念。這些學者也提出別的基督徒輔導模式，諸如整合模式、分層模式等，來實際幫助病人。整合模式嘗試將心理輔導與精神科學裏跟基督信仰沒有牴觸的理論和實踐，與《聖經》對精神健康的有關教導整合起來，對人類心靈問題提出一個比較完整的答案。分層模式卻認為，精神科學和心理學與《聖經》教導，二者是從不同層面來討論或探索人的心靈問題，原則上並不互相矛盾，因此基督徒可能不需要刻意把它們的理念整合；在實踐上，精神科醫生或心理諮詢師可以跟牧師合作，從不同的層面來幫助病人。

以我個人而言，我頗認同這兩個模式。在臨牀上，有時候我採用整合模式，跟病人直接討論信仰問題；有時候卻採取分層模式，跟教牧同工們合作，針對不同的問題，從不同的層面去幫助病人。舉例來說，很多病人是先找牧師，等到牧師碰到嚴重抑鬱焦慮或懷疑錯覺的時候，才把個案轉介給我。從我的臨牀經驗來說，如果有更多的信徒或牧師可以接受整合模式或分層模式，那麼華人教會裏的精神和情緒問題，就比較容易處理得多了。

事實上，教會歷史裏，很多被神重用的基督徒也曾經得過抑鬱症。

改教的馬丁路德，十七歲開始就有恐懼和焦慮，這麼年輕就有焦慮，説明是基因有毛病。二十五歲以後，開始有抑鬱的症狀（我們今天知道，抑鬱跟焦慮經常是相連的）。三十五歲結婚，同年德國的農民要求馬丁路德支持他們，抗議德國王子對他們的壓迫。農民抗議的理由是根據馬丁路德宣導的「人人在神面前平等」這一教義。可是他當時不肯站在農民的一邊，結果幾十萬農民在起義中被屠殺。從此馬丁路德的抑鬱症變得更嚴重，很多時候都無法起牀。他甚至懷疑自己是否得救，因而需要請同工在他的耳邊大聲喊：「你的罪已經被赦免，你已經因信稱義了。」當然，馬丁路德的抑鬱，也跟他與父親之間有嚴重的矛盾有關。

著名的德蘭修女，在書信中經常提到她自己心靈深處有一種極可怕、不能忍受、揮之不去、不可理解的黑暗與枯乾。在寫給主教的信裏，她描述這種內心黑暗如同死亡和地獄一樣可怕。她每天在羣眾面前的微笑，只是她極力要遮蓋其內心黑暗與枯乾的大斗篷。她六十多年的抑鬱，只曾經在短短的幾週裏得到舒緩。儘管她內心如此黑暗，她的心態與信念卻是無比正面、堅強和積極的。在晚年的時候，她終於認定和接受這黑暗是神給她的特殊經歷，要她可以透過這黑暗的低潮，體會並認同那些在加爾各答窮苦無助的人的心境。有興趣的話，讀者可以在《來作我的光》（*Come Be*

My Light）這本書裏更詳細去理解德蘭修女的抑鬱。

富勒神學院（Fuller Theological Seminary）第一任全職院長肯內爾（E. J. Carnell），在二十世紀五十年代曾經被認為是美國福音派新一代最有前途的神學家。年輕時他就開始經常失眠（這是基因毛病的現象），當校長後，在各種壓力下患嚴重抑鬱症，接受過電療，幾年後無法堅持而辭職。因着當時對抑鬱症的治療不理想，加上種種放不下的壓力，最後他在旅館服安眠藥自殺。

十九世紀英國的司布真牧師（Charles Haddon Spurgeon），十七歲就被神重用，二十五歲的時候，在一次聚會裏有人搗蛋，大喊「失火了」，一萬多會眾爭相逃命，結果好幾個人被踐踏而死。司布真從此經常抑鬱，很多時候幾乎不能站起來講道。多年後，司布真描述自己的抑鬱時在日記中寫道：「我每時每刻都想痛哭，卻說不出理由來。」他去世時才五十二歲。

最近，寫《標竿人生》（*The Purpose Driven Life*）一書的華理克牧師（Dr. Rick Warren）他二十七歲、很愛主的兒子因長期患抑鬱症而自殺，這是靈性最好的基督徒也可能得抑鬱症的又一個現實例子。所以，靈性好壞與內在信念體系是沒有直接關係的。

對我來說，這幾位靈性很好的基督徒心靈裏的黑暗，不是因為他們有負面的信念系統，而是他們的抑鬱症所產生的後果。從他們描述自己抑鬱的經歷裏，可以看出他們的信念是正面而且陽光的。我再說：靈性好的基督徒也可能得抑鬱症，不是因為他們有扭曲負面的信念體系，或是靈性上有什麼隱而未現的問題，而是因為他們有導致抑鬱症的基因。

信抑與精神健康

可是，如果靈性好的基督徒也可能因抑鬱而自殺，信仰堅定和靈性好對抑鬱症有幫助嗎？

靈性與精神健康的良性互動，我留到第 IX 章「快樂是尋求終極意義」裏再比較詳細討論。簡單來說，既然抑鬱症是環境與基因的互動所造成的，基督徒得嚴重抑鬱症還是需要藥物治療的。我相信神蹟奇事，但我不認為單靠持續地懇切禱告，就一定可以平安喜樂，遠離抑鬱。壞事臨到好基督徒，也可能是神的美意。在本書的第 X 章，我會把我姨媽得精神病的見證寫出來。很多患抑鬱症的基督徒都留下美好的見證，基督徒的信仰不是只能在平安順利的景況下才能踐行的。

所以，堅定的基督信仰對精神病患者是有幫助的。過去二十五年的研究已經證明，信仰對抑鬱症、分裂症、愛爾斯默症以及多種慢性身體疾病的預後有很大的裨益。研究資料也表明，信仰可以幫助減少病人的自殺率。

信仰之所以對病人有幫助，包括如下幾個因素：它賦予病人人生的意義、給予病人心理扶持與力量、以及生活行為規範與指導。雖然大概有三分之一的研究報告發現，信仰對病人的身心健康沒有任何幫助，甚至造成傷害。可是，在這類研究報告中病人的信仰一般偏向迷信，例如，他們認定自己只需要信心與禱告而不需要接受治療。所以，二十世紀心理學家和精神科學家對信仰的輕視與敵視，到二十一世紀已經被實驗研究的證據大大改觀。我盼望所有的華人基督徒可以接受這一觀念：持守信心與接受精神科學的治療，並不是互相矛盾的。

面對疾病，基督徒應遵行三個大原則。

1. 依靠神，把疾病看為神容許臨到自己身上的一種考驗，靠着《聖經》的話語，聖靈的幫助，與教會的扶持來面對。
2. 省察檢視自己的人生目標與價值觀，以及自己與神與人的關係，然後做合適的調整；因為疾病一般能叫人更體會自己生命的破碎與脆弱，也因此比較願意思考人生的大問題，和自己靈性的情況。
3. 基督徒應該照着神交託我們管理世界與管理自己的責任，尋求治療。這些原則，是每個基督徒無論面對癌症或抑鬱症，都適用的。

附：馬丁路德、德蘭修女與抑鬱

- 馬丁路德與抑鬱

  Nassir Ghaemi（2011）. *A First-Rate Madness: Uncovering the Links Between Leadership and Mental Illness.* New York: Penguin Books.

- 德蘭修女與抑鬱

  The Secret Life of Mother Teresa. *TIME Magazine* 3rd Sep, 2007 Vol. 170.

VII

觀念影響病情

抑鬱症的治療：
接受治療可能討神的喜悅嗎？

既然抑鬱症是環境與基因的互動造成的，治療就需要針對這兩個病因。一方面以藥物減少基因帶來大腦功能紊亂的症狀；另方面以輔導（也叫諮詢或心理治療）來減少環境的壓力，同時增加病人應付壓力的能力，與應付抑鬱症帶給患者的人格標籤，進而幫助病人過一個健康正常的生活。當然，抑鬱症的症狀因輔導與藥物治療而消失，不等於病人所有人生問題就都解決，或者他跟神的關係就自然好起來。正如一個肺癌或結核病的病人痊愈之後，他生命裏、生活裏、家庭裏的問題，仍然是存在的。我先討論治療，然後再討論建造抑鬱症病人的屬靈生命。

抑鬱症的輔導一般從幾方面入手：

1. 討論病症，使病人（也稱來訪者）對抑鬱症有更多了解。
2. 討論誘因，使病人對誘發抑鬱症的原因有所了解。
3. 討論如何減少誘因。減少誘因的方法包括改變負面心態（包括改變韋爾契博士書裏討論的負面信仰體系，內在信念以及對事物的解讀），並採取適當的方法改善生活狀況。

4. 了解自己的原生家庭，成長經歷，明白塑造自己心態與個性的因素。
5. 開始操練如何過一個健康正常的生活，比如早睡早起，定期運動，飲食正常等。
6. 接受並正確地應付抑鬱症帶給自己的負面標籤（Stigma），淡化那些不了解抑鬱症的人帶給自己的壓力、批評或輕視。

認識藥物效果

在確定進行藥物治療之前，醫生需要跟病人及其家屬討論上述有針對性的輔導專案，不能病人一進門，還沒説幾句話就開處方。藥物治療的目的是減少或消除抑鬱症症狀，幫助病人改善睡眠品質，改善他們的食欲不振、情緒低落、缺乏興趣動力、提不起勁等自覺症狀。藥物治療效果一般需要一兩週才顯著，所以病人需要堅持服藥，明白藥物的療效不是一兩天就可以達到的。也需要知道有時候藥物會有副作用，頭幾天可能特別明顯，如果堅持服藥，幾天後，副作用應該會慢慢減輕。西方的醫生開處方，通常是按照學科裏公認的標準程式，比如，先用第一線的藥物，就是療效比較顯著，副作用比較少，價格比較便宜的藥。如果過幾週效果仍不明顯，再換第二線抗抑鬱症的藥物。病人需要配合，並及時與醫生溝通。

中國人對藥物的副作用相當敏感。的確，早期的抗抑鬱藥如三環類藥物，副作用比較大，用藥後容易引起頭暈眼花，昏昏欲睡，口乾便祕，疲勞無力。現在新一代的抗抑鬱症藥物，一般副作用比較少。如果醫生肯負責任，對症下藥，開始的時候用量比較低，病人對藥物容易接受，治療效果便比較好。

有些人誤認為服用抗抑鬱藥物後會讓人變得行屍走肉，肌肉僵硬，手腳發抖，面無表情，整天昏睡，貪吃發胖等等，其實這些並不是現代抗抑鬱症藥物的副作用，而是過去舊的抗分裂症藥物，影響多處大腦神經系統而產生的副作用。在臨牀上，抑鬱症跟分裂症（也稱思覺失調症）的治療是完全不同的，而且新一代抗分裂症的藥物，也已經沒有以前老一代藥物的副作用。「藥有三分毒」這想法，對許多現代的精神科藥物來說，並不合適。

在治療方面，特別提出三個中國人常遇到的問題。

1. 抑鬱症的失眠，特別是早醒，一般不能也不需要用安眠藥治療，必須用抗抑鬱症的藥物。當然，有些時候抗抑鬱症的藥物不能解決失眠的問題，在這種情況下，安眠藥可以用來作為一種輔助治療。抑鬱症病情好轉之後，睡眠就會改善，安眠藥也可以逐漸減量然後停止。
2. 如果對治療有什麼問題，最好跟你的醫生討論。中國病人喜歡到處問別人的意見，而不跟自己醫生討論，這是於事無補的。
3. 如果你把藥停了，必須告訴醫生。很多人把藥停了，怕挨醫生罵，便不敢告訴醫生，這是危險的。譬如說，如果醫生以為藥量不夠因此效果不明顯，而把劑量加大，可能會對病人產生嚴重後果。

接受治療可以討神喜悅？

基督徒因抑鬱症接受精神科治療可以討神喜悅嗎？這樣做合乎神的心意嗎？一些基督徒認為只要依靠信心，堅定禱告，加上從《聖經》的話語，就可以擺脱抑鬱症。他們還認為接受治療便是依靠人的智慧和人的做法，是不討神喜悅的。我完全同意基督徒得抑鬱症，也應該禱告、讀經，接受教會的扶持，尋求神的醫治，並且繼續追求靈命長進。可是，保羅對提摩太的話，我們應該記住：「由於你胃的問題和常患的那些疾病，你今後不要只喝水，要用一點酒。」（提前 5：23）當然，今天胃病的治療不是靠喝酒，可是，有病應該治療的原則是清楚的。耶穌説：「健康的人不需要醫生，有病的人才需要」（可 2：17），也是同樣的原則。

輕微的抑鬱症可能不一定需要治療。可是，在幾種情況下，抗抑鬱症藥物治療是必須的：

第一，抑鬱症的病人有百分之十會自殺，所以經常想到死亡或有自殺意念的病人，必須立刻尋求治療。

第二，病人如果徹底失眠，沒有胃口而體重減輕五公斤（約十多磅）以上，或者躺在牀上沒法起牀，這些症狀自己好起來的機率很低，治療是必須的。

第三，大概百分之十的抑鬱症病人有幻聽，懷疑或其他的錯覺，也可能病情會轉化成雙向症（也稱狂躁抑鬱症），如果有這些情況，治療是必須的。另外，抑鬱症加上強迫症、恐懼症、創傷後遺症的病人，應該儘快接受治療。下一章節我們將會討論抑鬱症的預後。

輔導與抑鬱症治療

上一章我已經提過基督徒整合與分層模式的輔導。這兩種輔導模式，與精神科學並沒有矛盾。可是，在華人教會裏，接受這兩種模式的牧師和信徒不多，他們一般傾向於「聖經輔導」和勸誡輔導。那麼，「聖經輔導」或勸誡輔導對治療抑鬱症有效嗎？

從理論的立場來說，「聖經輔導」是輔導的一種，目的跟一般的輔導是一致的。「聖經輔導」跟一般輔導不一樣的地方，在於它採用《聖經》的原則為輔導的主要內容，而且輔導師一定是基督徒。可是，究竟「聖經輔導」有沒有確切療效，需要有研究根據的支持，不能單憑理論。我尚未看到「聖經輔導」成功治療抑鬱症的研究報告，我只看過一個「只全人治療」對焦慮抑鬱病人個案的長期追蹤。這報告的結果説明：在多年「聖經輔導」之後大部分的病人靈性上有進步，可是只有百分之二十五的病人改善了抑鬱焦慮症狀。這説明應用《聖經》原則治療焦慮抑鬱症，結果對病人的靈性有明顯幫助，但對改善病人症狀的作用比較不明顯。

其次，《聖經》教導的都是真理，但是《聖經》並沒有教導所有的真理，而且《聖經》中有關輔導的經文不是有系統的，需要經過整理和解讀，才可以應用。上面提過的亞當斯牧師對《聖經》裏有關輔導經文的整理和解讀，在西方的教會和神學院裏，只得到少數人的認同；而且，亞當斯門下新一代的「聖經輔導師」，也已經放棄了他當年提倡的幾個基本觀念，諸如他所堅持的心靈犯罪是造成抑鬱焦慮的主要原因，以及他認為精神病人絕大部分是揑造病症以逃避責任。可惜的是，亞當斯當年的「勸戒輔導」，在今天很多華人神學院裏還是極受歡迎的。而且，華人教會好像很難擺脱「所有抑鬱症病人都有某種靈性問題」的錯誤觀念。

「《聖經》並沒有教導所有的真理」這一點，很多基督徒很難接受。有一本「聖經輔導」的書説：抑鬱症並不存在，因為《聖經》裏從來沒有説過有抑鬱症這個病。《聖經》裏沒有提心血管病，或癌症，或愛滋病，或肺結核，並不證明這些疾病並不存在。就如《聖經》裏從來沒有提過貓和熊貓，並不表示貓和熊貓就不存在。

《聖經》教導的，主要不是健康的問題。耶穌説：「從外面進去的，不能使人污穢，從裏面出來的，才能使人污穢」（可 7：15）。顯然，耶穌並不是説吃飯前洗手對健康不重要，或吃不乾淨的食物和喝不乾淨的水對身體健康沒有影響。根據世界衞生組織估計，全世界每年因為食物和飲用水污染而死的人超過幾百萬。既然《聖經》主要不是討論精神心理科學，要從《聖經》的教導來建立一個輔導系統的困難是挺大的。

最後，從我自己的經驗來説，教會裏一般的感情、人際關係、行為問題，絕大多數（百分之九十以上）情況下只需要牧長和有愛心的弟兄姊妹用聆聽，實際的彼此關懷，與彼此鼓勵分享，那些小的情緒和人際問題便可以妥善解決。碰到大一點的問題，如失去親人的哀傷，或患重病時的挫敗低落，也可以用聆聽，安慰和禱告，以實際的幫助與關懷（如送飯菜，幫助整理清潔）來彼此扶持；但是要避免講一些表面的客套話（諸如對一個失去妻子正在哀悼的丈夫説：你不需要太難過，她在天堂裏等着你），因為這些客套話是於事無補的。

如果教會真能同心合意來彼此關愛扶持，那麼連那些比較嚴重的問題也可以解決，可能用不上「聖經輔導」專家。除此之外，大概只有百分之五的問題，例如嚴重的抑鬱、焦慮、強迫、狂躁、懷疑、幻聽等症狀，是需要精神科專業的治療，特別是藥物治療。

對這些嚴重的精神症狀，我不認為勸戒輔導或「聖經輔導」會有效。此外，針對教會裏某些沉溺的行為，比如網絡成癮，也需要特別的技巧來處理。當然，對一般情緒低落，容易憂鬱焦慮的信徒，進行「聖經輔導」（如韋爾契博士所教導的）對病人還是有正面幫助的，因為要求華人基督徒接受一般的專業輔導或精神科治療可能很困難，但建議他們接受「聖經輔導」就容易得多。此外，對患了嚴重抑鬱焦慮，和那些有自殺傾向、懷疑錯覺，或雙向症狀的基督徒，精神科醫師或輔導師應該與牧師合作，以期獲得最佳療效。

否定精神治療的誤區

可是，「聖經輔導」與勸誡輔導，一般否定精神科治療的價值。韋爾契博士在《憂鬱症重生之歌 —— 從心靈哀慟變為喜樂達人》裏有這段話：「想要立即尋求醫學上的解釋，有個問題存在，一旦做出這個決定，那麼其他的觀點就顯得膚淺又無關緊要了……如果斷定一顆藥丸就能提供解脫之道，那何必還要找麻煩，思考個人痛苦帶來的人生課題呢？如果憂鬱症患者認定他們問題本質是生理性的，那麼，建議他們檢驗自己的人際關係，或者省察對上帝的信仰，就像給禿頭的人開處方又叫他們鍛煉身體一樣無效。鍛煉身體是好的，但是並不會讓你長出頭髮。」（25 頁）。

這段話顯出韋爾契博士似乎忽略了兩個有關治療的基本問題。

第一：治療需要針對病理病因，並幫助病人應付病狀。抑鬱症一般有環境因素，也有器質因素，所以一般需要藥物跟輔導配合治療：藥物治療針對抑鬱症的生理（器質）症狀，輔導幫助病人應付環境誘因，以及由生活環境帶給自己的負面標籤與壓力。每個病的病理，病因與病狀不同，治療也就不一樣。禿頭不需要鍛煉，因為鍛煉跟改變禿頭的病理病因（器質與環境因素）或幫助禿頭的人正確接受病狀無關。禿頭一般也不需要輔導，來應付它的環境誘因跟病狀帶給自己的標籤，因為這兩個因素並不很強。

再舉一個例子來說明治療的原則：乳癌的病人一般需要進行幾種混合的醫學治療（諸如外科手術、化療、放療），並且也需要輔導。可是乳癌的輔導重點卻不是為了幫助病人應付環境誘因（主要因為我們對乳癌的環境誘因還不清楚），而是為了幫助她接受或應付她的乳癌以及治療可能帶來的後果，諸如乳癌對患者健康與生命的威脅，帶來抑鬱焦慮，以及化療造成的禿頭或手術造成的身體改變，引發自我形象低落等。韋爾契博士既不承認抑鬱症是一種疾病，所以他討論治療並不從病理或病狀入手，而且他又沒有提出「聖經輔導」的治療功效證據，所以他討論抑鬱症的治療，困難就很多了。

第二，治病，包括輔導，不是傳福音，也不是靈命建造。如果我們同意抑鬱症是一種病，就如癌症和結核病是具體的病一樣，那麼韋爾契博士對抑鬱症的藥物治療，所提出的批評就說不通了。如果有一天乳癌患者可以吃一顆藥丸就治好，為什麼不能接受呢？假如有一天抑鬱症的確可以用一顆藥丸就治好，為什麼不能或不應該用呢？當然，今天抑鬱症的藥物治療，不是吃一顆藥丸就可以解決的，上面已經講清楚了。可是，有病應該進行治療，有病應該尋找最有效的方法治療，這是基本的常識和原則。當然，病好了之後，病人不一定就重生得救或靈命更新，因為重生得救是接受福音的結果，靈命更新是生命被造就的結果，這些都不是治療疾病的直接結果或目標。我們不應該把治療跟傳福音或建造靈命混為一談。

舉例來說，假如一個人因為酗酒跟人打架而打斷手，他的骨折需要進行治療，他也需要有人向他傳福音。如果我們斷定他的骨折是生理性的（原諒我借用韋爾契博士的話），「那麼，建議他檢驗自己的人際關係，或者省察對上帝的信仰，就像給禿頭的人開處方又叫他鍛煉身體一樣無效」，這話可能説不通吧。我們不能為了要幫助骨折的病人靈命成長，或使他對苦難有深入的洞察，就鼓勵他放棄有效的治療。這種片面的教導，可能對教會造成很大的傷害。病人需要治療，也需要靈命改變與更新。兩方面都需要，但接受福音不是治療，治療也不是傳福音。總而言之，治病跟傳福音或靈命建造是兩碼子事，患病得醫治跟重生得救、靈命更新也是兩碼子事。

明確了精神疾病的治療和基督福音的傳揚是兩碼子的事，並不否定它們二者可能產生的良性互動。實際上，一般有比較嚴重疾病的人，因着面對生命的脆弱與自己陷入的困境，都可能比較願意去思考人生價值和苦難意義的問題（一般禿頭的人大概不會，除非禿頭是化療造成的副作用），因此也可能比較願意聽福音。此外，輔導在幫助病人了解自己的時候，也可能成為一種福音預工，為病人以後接受福音來鋪路。我自己見過不少因得重病，包括精神病，而信主也同時得醫治的案例。

最後，基督徒應該凡事禱告。禱告是跟神溝通，分享，也是謙卑依靠神，在交託裏與神同工。所以，如果自己得抑鬱症，應該接受治療，也應該禱告，跟神訴説自己的情況，依靠交託，承認自己的無助，在神的面前省察自己，檢視自己的生命。如果你看到一個患了抑鬱症的主內肢體，你可以做以下的事情：鼓勵（不是勉強）他接受治療，為他禱告代求、聆聽、陪伴，跟他讀一些《聖經》，説鼓勵的話，並提供實際幫助。

把靈性軟弱與抑鬱症混淆，或把抑鬱症的後果誤當成抑鬱症的誘因，在現實生活中會導致不當後果的。

第 VI 章個案七（93 頁）提到的傳道人，在第一次得抑鬱症的時候，除了那對美國夫婦以外，其他認識他的教牧同工也知道他情緒非常低落，很多是非常資深的，卻沒有一個人鼓勵他去尋求治療。等到他的雙向抑鬱症經過治療得痊愈之後，他教會的主任牧師（一位知名度極高的牧者）對他說，因為他得過抑鬱症，以後不能再站講台，也不再讓他全職服事教會，並且建議他千萬別告訴教友他得了抑鬱症，因為這不是榮耀神的事情。他只好轉到另外一個姊妹堂去聚會，那教會的牧師容許他偶爾站講台，也鼓勵教會經濟上支持他的服事，但是他的生活還是不斷出現困難。儘管人生之路如此坎坷，這位傳道人倒沒有因此再得抑鬱，反而更有能力服事。華人教會對抑鬱症病人的歧視與誤解，恐怕不只這個案例吧。

今天，沒有人認為有「暗室之后」之稱的蔡蘇娟女士得了因患瘧疾而引起的眼疾就不應該服事神，也沒有人會建議宋尚節博士，千萬別告訴教會自己得了直腸結核症；可是，今天教會卻理直氣壯地停止一個雙向抑鬱症已經被治好的傳道人，在教會裏的服事，也禁止他公開承認自己得過抑鬱症。耶穌曾對他的門徒說：「時候要到，那對你們進行迫害的人，會以為他們這樣做，就是事奉神」（約 16：2）。叫人困惑的是：今天華人教會以為對精神病人採取歧視與排斥的心態及行為就是事奉神。

VIII

治療效果受多方面影響

抑鬱症的預後：

治療是治標還是治本？

為何治療效果不理想？

抑鬱症病情有輕有重。輕的抑鬱症病人可能只有四、五個症狀，失眠情況不嚴重，體重沒有減輕，這種輕的抑鬱症經過幾個月可能自己慢慢會好起來。比較嚴重的抑鬱症，自己好起來的機率就比較低了。

抑鬱症一般是陣發的（Episodic）。每一次輕的發病，為期一般不超過六個月。嚴重者陣發時間可能比較長，也有少數抑鬱症的症狀是長期不斷的。上面我提到德蘭修女經歷過心靈深處如死亡與地獄般極度的枯乾與黑暗，在她五十多年的長期憂鬱裏，只有 1958 年中的幾個月裏，那種負面感覺突然完全自動消失，可是過後又重新回到她的心靈中，這情況可以說是典型的長期憂鬱症的表徵。

抑鬱症第一次發作以後，在一兩年之內復發的可能性大概是三分之一。第二次發作以後，復發的機率增加到百分之五十。我個人的估計，無論復發了多少次，可能大部分的抑鬱症病人過了六十歲會慢慢好起來，除非環境壓力誘因一直持續不斷。很多病人都畏懼終生服藥，其實從治療資料來看，一般抑鬱症病人服藥的期限可能在三到五年左右。

治標又治本？

一般中國人以為西醫的治療是治標而不是治本。其實所有的治療都是為了減少或去除症狀和環境誘因。如果要徹底治本的話，治療就需要改變造成病狀的基因，可事實上，造成症狀的基因，目前一般還無法改變。一些極少數的基因療法，一般效果也不見得就很好，主要是因為我們對基因療法的認識還是很初步的。

目前在經濟發達的社會裏，急性病已經比較少。一般人的病都是慢性而需要長期治療的，如糖尿病、高血壓、高血脂、心血管病、各種關節炎、青光眼、多種癌症等。這些病如果不長期持續治療，其復發率超過百分之五十。抑鬱症治療的效果一般很好，除非病人兼有不良嗜好如酗酒，吸毒，或其他個性行為的問題。以我個人的經驗，中國人使用第一線抗抑鬱症藥物治療的成功率在百分之八十以上。

為什麼有些抑鬱症病人的治療效果不好呢？有些原因是可以避免的，如醫生不負責任，或病人不配合。除此以外，病人若繼續酗酒吸毒，或者兼有懷疑、幻聽、幻覺等症狀，也可能造成治療上很大的挑戰。如果有雙向躁鬱症狀，單用抗抑鬱藥物治療效果就不理想，甚至可能使情緒波動惡化。

最後，有些病人的抑鬱症，只是他們整個個性或行為心態問題的一部分。舉例來説，一個二十歲的男病人，有時候情緒低落，經常不上學，也不做作業。一碰到壓力，如考試就躲在房間不肯出門，整天上網、聽音樂、看電視，孤僻不跟人來往，動不動就大發脾氣，做事情不負責任，連拿到交通罰單也不處理。從整個情況來看，抑鬱只是問題的一部分。如果加上濫用大麻或酒精，治療效果就更難達到了。

IX

快 樂 是 尋 求 終 極 意 義

如何追尋快樂，遠離抑鬱？

如何建造精神健康？

抑鬱症可以預防嗎？如何避免得抑鬱症？找到快樂就可以遠離抑鬱嗎？如何教自己快樂起來？

二十世紀的心理學受了精神分析學很大的影響。不管佛洛伊德（Sigmund Freud）的本意是否要鼓勵自我釋放和自我追尋，至少在西方社會裏，佛洛伊德的「利比多理論」，驅使人們重視如何釋放與滿足自我的欲望，特別是性愛的滿足。在這過程中，很多人想極力掙脱他們所謂的「道德與宗教的枷鎖」，把人生的意義放在釋放和滿足自己的感情和欲望上，認定這是通往實現自我價值的途徑。再加上馬克思的「宗教是人民的鴉片」，在追尋實現自我價值過程中，西方社會似乎全盤放棄基督教信仰對人生意義的詮釋以及對人們行為道德的要求。經過這麼多年的自我追尋，西方人有沒有比較快樂呢？

誰最快樂？

最近聯合國發表了一個「世界快樂報告」，發現的確是西方國家比較快樂。在世界一百五十多個國家裏，最快樂的頭十個國家，全是西方社會的。排在前二十五名內的，只有五個中南美洲國家和三個中東國家，其他都是西方國家。

快樂不容易衡量。聯合國報告的專家們以兩個標準來衡量快樂：

第一：有多少正面和負面的感覺；

第二：對自己生活品質的滿足度。

專家從六個指標來衡量生活品質：國內生產總值（GDP）、健康壽命的年數、社會貪污腐敗程度、人民對慈善機構的捐獻、發生困難的時候是否有地方可以求助，以及人生選擇的自由度。從這六個指標可以看出，當代社會科學家們認為，好的生活品質不是完全取決於自己的欲望有沒有得到滿足，而是需要達到一些基本的社會與個人道德標準：比如有公平公正的社會制度、有自由選擇的權利、有彼此扶持的人際關係、有願意付出代價去幫助別人的精神。

換句話說，就算撇開宗教不談信仰，快樂也不是單靠滿足自己的欲望而獲得，還需要生活得有意義、有愛、有自由、有公平，當然也需要有足夠經濟收入和身心的健康。

中國人為何不快樂？

在聯合國的快樂報告裏，中國排在第九十三位，香港六十四位，台灣四十二位，新加坡三十位。從報告的排名上來看，中國人和海外華人好像不是很快樂。理由在哪裏呢？沒有確實的資料，我們只能推測。我想到可能的理由包括以下幾點：

第一：太注重面子。中國人過分注重面子可能造成人際間不透明（妨礙人際間真誠坦然的溝通），對別人的意見顧慮太多（增加對自己的壓力，要討別人贊許可能導致自己心理不平衡），注重外表（導致裏外不一致，忽略培養內在生命的成長），為了要面子而放棄爭取對自己有益處的事情等等。

第二：不善於坦誠溝通。中國人似乎習慣「心照不宣」、「盡在不言中」、「無聲勝有聲」。把事情埋在心裏，把實情隱瞞（特別是不好的消息或事情）好像成為一種美德。在一個這樣的環境裏生活，心情很難舒暢。

第三：在爭取成就的時候，把成就定義得太狹窄。爭取成就是好的，只要途徑正確；可是如果把成就的定義限制在名成利就，爭取成功的代價對很多人來說就太大了。人生的意義，不能單單從成就裏獲得。

第四：專顧自己，缺乏愛人的精神。「各人自掃門前雪，休管他人瓦上霜」。外國人名成利就，很多時候會把大量的金錢捐給一些機構，如大學、醫院、圖書館，或其他福利機構。聯合國的快樂報告裏，就以對慈善機構的捐款來作為衡量生活品質的指標之一。相對來說，中國的富人好像比較不喜歡慷慨行善，他們寧願把錢財守住留給自己或子孫享用，頂多是捐錢修建廟宇，為的也只是積德。因此，要真正快樂可能比較困難。有關其他生活品質的社會因素，如貪污腐敗的程度，我就不在這裏討論了。

當然我們也不要忽略一個事實：西方國家可能比其他國家快樂，可是西方國家的抑鬱症流行率似乎並不低。西方國家的自殺率，過去十多年間也沒有減少。預防抑鬱症，需要減少誘發抑鬱症的成因，就是說，需要減少基因與環境的互動。

既然基因不能改變，那麼我們可以減少環境的誘因嗎？從理論上來說，上面提過導致快樂的生活品質因素，如彼此相愛、公義和平、人生意義、身心健康，以及有足夠的經濟收入，都應該可以減少誘發抑鬱症的環境誘因，當然這還是需要實證的。

到目前為止，我還沒有看到有關預防抑鬱症的研究報告。我們同時也必須承認，科學只能解決人類一部分的問題，因為科學專注的是機制，而不是生命的意義與人生的終極目的。人生意義與目的屬於信仰的範疇，人類的基本問題：我從哪裏來，我往哪裏去，人活着有什麼目的和意義，這些問題只能從神特別的啟示裏找到答案。我以下面的兩個個案來說明這一點。

個案解說

個案八

一名五十歲的少數民族女人，十七歲開始第一次患雙向症。她有很強的家族歷史；父親和大哥都因着患了雙向症而自殺，其他三個兄弟姊妹也都有雙向症。她在十七歲到四十歲之間，住精神病院接受治療超過四十次。她三十五歲時信主，這是她的民族背景不容許的。信主後有喜樂，不再想自殺，可是因為不肯持續服藥，信主後頭五年，雙向症時有反復與復發，還是需要住院治療。四十歲時，她終於決定接受自己有雙向症，需要治療，並且持續不斷服藥，跟醫生配合，結果十年裏沒有再發病，不再住院，非常喜樂，並且向丈夫、母親和妹妹傳福音。信仰與治療配合美好的效果，在她的身上是明顯的。

個案九

一名自閉症的小孩，常被父親毒打。後來母親跟姨媽信主，帶他離開父親。我在他十五歲的時候第一次看他，他的情況非常不好，多動、行為失控、眼睛從來不看人、根本不説話。當時，一個十五歲自閉症的小孩，在國外也沒有好的治療方案。他母親和姨媽不斷以愛心帶領他，教會也給他們很多的幫助。三年後，他有不可思議的改變，跟人有目光的接觸，多動症與行為失控方面也有明顯的進步，説話也多了，還能做簡單的禱告，又用粘土捏成精緻的小動物送給我。雖然他以後大概不能獨立生活，可是這自閉症狀的顯著好轉，在國外最好的治療環境裏，也很難獲得。

信仰與精神健康

二十世紀的心理學家和精神科學家，普遍輕視基督教，認為基督徒是幼稚不成熟的弱者，需要依靠一個自己內心投射出來的全能上帝。佛洛伊德與艾利斯（Albert Ellis）敵視基督教的論點，是人所周知的。馬克思的「宗教是人民的鴉片」更成為許多人對基督教負面的評價。

可是，過去二十五年的研究，發現基督教信仰對精神健康是很有幫助的。有一項對一千多個高智商兒童的史丹佛長期（超過五十年）追蹤研究發現：有信仰（主要是基督教和猶太教）而且高智商的人，一生中的身心健康與事業成就，比那些沒有信仰，同樣高智商的同輩高很多。我在第 VI 章裏已經提過信仰對精神病與身體其他疾病的幫助，目前靈性與價值觀的課題，已經進入精神科與醫學研究的主流，不像以前被邊緣化了。

附：世界快樂情況

根據聯合國可持續發展方案聯盟發表的《2013 世界快樂報告》，顯示全球一百五十六個國家和地區中，最快樂的國家大都在北歐。報告由經濟學、心理學、調查分析等各方面專家合撰，研究 2010 至 2012 年間的數據，分析六大「快樂因素」，即人均國內生產總值、預期健康壽命、社會支援（即遇上困難時有所依靠）、貪污是否嚴重、慷慨風氣，以及對人生做出抉擇的自由，由此計算出各國的快樂程度。

官方報告見：

http://unsdsn.org/files/2013/09/WorldHappinessReport2013_online.pdf

快樂國家 / 地區排行榜

排名	國家	（得分）
1.	丹麥	（7.693）
2.	挪威	（7.655）
3.	瑞士	（7.650）
⋮		
17.	美國	（7.082）
⋮		
30.	新加坡	（6.546）
⋮		
42.	台灣	（6.221）
43.	日本	（6.064）
⋮		
64.	香港	（5.523）
⋮		
93.	中國	（4.978）

表 1

X

信仰回答精神科學

為什麼我選擇精神科專業？

長久以來，精神科這門醫學，在中國的專業人士中，是乏人問津的。這種情況最近在香港好像有所改善，可是在我當醫科學生的時候，全香港的精神科醫生，屈指可數。我在醫學院第二年的時候，就決定選擇精神科這門專業。我作這選擇有三個理由：

第一、精神科的理論，當時受精神分析學與行為派心理學很大的影響，對我來説，這些學派的理論，不但非常深奧，而且跟我自己的基督教信仰好像有明顯的衝突。我有很強烈的意願，想把它們整合起來。對我來説，這是一個很有挑戰性的追求。記得那時候，我讀了一本叫 *What, Then, Is Man ?*（人啊，你究竟是誰？）的書，這是一本有關整合基督教信仰與心理學的書，看後更增加我對精神科學的興趣。

第二、我性格叛逆，喜歡做別人不喜歡做的事情。看到只有寥寥無幾的華人精神科醫生，我就覺得這專業對我特別吸引。

第三、我的姨媽患有嚴重的精神分裂症。看着她那不可理喻的行為和表現，看着我母親的着急痛苦，一方面覺得難過和無奈，另一方面盼望有一天，可以為她那令人束手無策的疾病提供一個解決方案。

對於當時年輕的我來説，為什麼像我姨媽這樣一個愛主的基督徒，竟然患了這麼可怕的精神病？這實在是一個讓我非常困惑的難題，它時刻驅使着我通過科學探索來追尋一個合理的答案。

光陰飛逝，過了這整整五十年之後，回首往事，感觸良多。精神科學對於現在的我，還是極具挑戰性的。雖然精神分析學已經落伍，行為派的發展也到了盡頭，可是現在影響精神科學的大腦神經科學與基因學，更是深奧奇妙。每當讀到這兩門學科的研究報告時，我深深感到神創造大能的奇妙。

可是在美國的華人基督徒圈子裏，大腦神經科學、基因學，以及精神科學都是乏人問津的。看到這些現狀，我們不禁要問兩個問題：難道基督徒可以漠視現代人（或後現代人）精神健康的需要嗎？大腦神經科學和基因學，直接探討人的本性與本質，基督徒如果放棄這些領域，教會如何應付這些學科帶給基督教的挑戰呢？舉例來說，今天在大腦神經科學研究方面，對大腦功能及其運作原理已有很深入的了解，有人也開始公開質疑人類靈魂的存在。如果基督徒不從事研究，為這些問題找出答案，又如何回應科學的質疑與挑戰呢？看到許多充滿熱情的年輕基督徒，投身「聖經輔導」，以為可以幫助教會，卻放棄這些必爭之地，自感無言以對。

我的姨媽已於十多年前安息主懷了。她去世後，我姊姊打電話給我，在哭泣中對我說，在姨媽的牀底下，發現一個舊皮箱，打開一看，裏面是一些舊衣服，還有一個破爛的網球拍，這網球拍是姨媽年輕時一個曾經追求過她的男朋友送的。我外祖母是在宋尚節博士到汕頭市佈道的時候信主的，以後全家歸主，包括母親和姨媽。姨媽十多歲時因為日本侵華戰爭而來投奔我母親。在她豆蔻年華之時，曾經有一些男朋友追求過她，也向我父母提過親，可是我母親對他們都看不上眼，極力攔阻他們男女情緣的發展。送她網球拍的那個男生是姨媽最喜歡的。我想到姨媽在精神病困擾中虛度了大半生，一事無成，一生中最寶貴的竟然就是一個破爛的網球拍，連同與這球拍相關聯的一段破碎情緣。

一想到姨媽那悲劇的人生，我就不禁潸然落淚。可是後來一想，假如姨媽一生惟一的成就，就是激勵我當精神科醫生，那麼她的一生，就不能說是白費了吧？在神的計劃裏，也許沒有任何基督徒的生命是枉然白費的。

靈魂與身體的討論

上面討論過，今天的精神科學，認為所有心理現象，都是大腦生理活動產生的。這個理論，在大腦受傷或愛爾斯默症的病人裏，好像獲得了證明。可是這理論，對《聖經》關於有靈魂的教導，衝擊就比較大了。雖然國外有些基督徒學者，最近提出「一元論」，認為靈魂跟身體是混合的，可是我認為一元論的困難太多了。

最近一個曾經當過哈佛大學醫院的腦神經外科教授伊本．亞歷山大（Eben Alexander），在得到腦膜炎後大腦失去所有功能的七天裏，他的靈魂到了天堂，七天後，他竟然神奇地清醒過來。在他寫的《天堂的證明》（*Proof of Heaven*）中，他提出大腦並不可能產生心理現象，因為在他的大腦已經沒有任何功能的時候，他的自我卻很清醒的活在天堂裏。他提出一個新的想法：大腦是靈魂與心理現象之間的過濾管道（Filter）。如果他的説法成立，基督教的靈魂觀，跟科學就沒有矛盾了。

我上面提過，自己對患愛爾斯默症基督徒的靈魂何去的疑惑（就是疑惑他們怎麼完全變了個人），似乎也可以得到解答：他們這種極壞的改變，是因為大腦失去功能，管道堵塞了，靈魂的功能不能顯示出來。可惜伊本・亞歷山大的想法，並沒有任何其他根據，他也沒有對這一説法加以清楚解釋。在可見的未來，大腦精神科學對信仰的挑戰是不可避免的。基督徒必須擔負起雙重責任，就是神託付我們對文化與福音的責任，來研究這類問題，深入探討神在大自然與《聖經》中的雙重啟示。

回顧自己當年的初衷，就是立志想把精神科學與基督教信仰整合起來，解決人類心靈與精神的一些實際問題，並期望能有點成就。如今評估一下自己整合的成果，好像只在一些方面有所收穫。因着對基因與環境誘因互動的了解，我對基督徒（如我姨媽）為什麼也可能得精神病這問題，可以説找到了比較滿意的答案。可是其他需要整合的精神與信仰問題還是接踵而來，花了一生精力，似乎連邊際都摸不着。我今年已經七十歲，不可能再繼續從事科學研究。精神科學與基督教整合的下一回合，諸如我提出目前大腦神經科學，跟基督教對靈魂信仰的認識之間的矛盾，以及探討究竟伊本·亞歷山大的想法可否被證明，這些世紀難題就只能靠有此異象的年輕人去攻克了。

附　篇

附篇一　精神病是鬼附嗎？

華人教會對有幻聽和幻覺的精神病人，一般認為是邪靈干擾或魔鬼附身的結果。最近有個資深的基督徒內科醫生轉介一個宣教士給我，請我診斷這位宣教士的偏執狂到底是因為被鬼附還是精神病的症狀。這位宣教士有幻聽幻覺，也有懷疑的錯覺，其臨牀病徵符合精神分裂症的診斷標準。可是這位內科醫生跟病人的家屬，都認為很可能是該宣教士在泰國宣教的時候，受鬼附或邪靈干擾而患上幻聽幻覺。這觀點似乎提示只有精神病才是鬼附造成的結果：因為我可以肯定，如果這位宣教士得的是心臟病，他們絕對不會懷疑他的心臟病是在泰國宣教時被鬼附而造成的。

把精神病跟鬼附掛鉤的這種誤解，其實是對《聖經》不了解。《聖經》裏面有幾處經文，告訴我們某些身體疾病以及精神病，是因被鬼附而造成的，特別是在耶穌時代和早期使徒時代。我把這些經文歸納在下表中：

經文	症狀	跟今天哪些病相似？
撒上 19-22	掃羅王：整夜説方言；脱衣服；懷疑	雙向症
路 11：14；可 9：17	啞巴	大腦説話的區域有毛病
路 13：11	駝背	脊柱的病
太 12：22	又盲又啞	大腦毛病
可 9：17-27	癲癇，啞巴	癲癇症，大腦毛病
可 5：1-17	住在墳墓的人	分裂症
徒 16：16-18	占卜的女孩	分裂 / 雙向症
徒 19：13-16	打傷祭司兒子的人	雙向症

表 2

附篇二　如何與一個抑鬱症病人談抑鬱症

抑鬱症的病人一般不願意面對自己的抑鬱，更不願意跟別人談自己的抑鬱。如果我們看到一個得了抑鬱症的朋友或親人，也知道他不肯就醫，我們應該跟他討論抑鬱症，或建議他尋求治療嗎？偶爾有例外的情況，有的抑鬱症患者一遇到他人就開口講自己的抑鬱，不管對方對他的情況是否感興趣。我們留待最後才討論，如何幫助這些過於樂意公開討論自己情緒問題的人。

如果我們有基督徒的朋友或親人，向我們抱怨（或在小組分享裏抱怨）自己常常失眠，對生活失去興趣，對人生感覺悲觀，體重減輕，醫生卻查不出任何身體上的原因，或是有焦慮恐懼，睡眠時候覺得有被鬼壓的情況，或是有軀體化的疼痛、胃脹、怕冷等症狀，我們該如何回應呢？

碰到這種情況，我建議按部就班採取以下的程式。前提是男對男，女對女。千萬別男對女，女對男。我在這裏的建議，一般只適用於基督徒的身上。要討論如何跟非基督徒朋友或親人討論抑鬱症，牽涉的範圍就太大了，不是這本小書能涵蓋的。

第一：禱告。一方面為這人禱告，求主的醫治臨到他身上。其次，為自己求智慧，如何來幫助他。同時，打聽有什麼專業輔導和精神科專家的轉介途徑。最後，在禱告裏省察自己，看看神有沒有給你足夠的情商、智慧、意願（感動，負擔）以及恩賜來幫助他。如果有，可以試着按下面的步驟來做，如果沒有或不確定，就單為這人禱告，或看情況對他作一些實際的幫助，不需要勉強。輔助心靈困惑的人，的確需要有特別的負擔和恩賜，不能勉強自己。

第二：嘗試跟他建立更好更深的關係。等他與你單獨在一起的時候（不要有別人在場），邀請他跟你談話，或是去探訪他。透過交談、聊天、陪伴、散步、看看他跟你是否合得來、談得攏。如果不是，不要勉強。可以考慮只做陪伴，和提供實際幫助：諸如替他做整理、購物、預備食物、提供交通接送、安排和邀請他參加合適的聚會（例如老人團契）等。

第三：提出幾個可以對他的心態有更多了解的問題來討論。如果他不願意討論，不要勉強；你對他的幫助只能暫時停留在第二步。如果他願意討論，你就作一個聆聽者，提出下面的問題，細心聽他的訴説，不要，也不用給你自己的意見。請注意，在這一步你的回應是專心聆聽，你對他的訴説如何以話語來回應，我們下一步再來討論。

1. 你低落的情緒叫你對神的愛有懷疑嗎？你覺得神允許這困苦臨到你身上，是神不公平嗎？你有時懷疑神的存在嗎？
2. 你認為造成這情況（你低落的情緒，失眠等）的原因在哪裏？是靈性的問題嗎？是神的懲罰嗎？是魔鬼的攻擊嗎？
3. 你想這情況發展下去，將來會怎樣？最壞的情況是什麼？對你家人（最親近的人）會有什麼影響？
4. 你認為最好的幫助是什麼？別人如何可以幫助你？
5. 你絕望嗎？你有輕生的意念嗎？

上面這些問題，我主要是借用哈佛大學一位精神科教授亞瑟·克萊恩曼（Arthur Kleinman）和韋爾契博士的有關建議。這些問題可以分開幾次來討論。請注意：對於他的答案，你不管是同意還是不同意，在這聆聽的過程裏都是不重要的。重要的是增加你對他心態的了解，透過你與他心靈上的聯繫，建立彼此的關係。請記得，了解不等於同意（當然，同意也不等於了解）。千萬別跟他進行神學上的討論或爭辯，如果你對他的看法有意見，請你在神的面前多多禱告，而不要改變他的想法，責備或批評他。

第四：問他：我可以跟你一起讀一些〈詩篇〉嗎？這是你對他訴說的話語的回應。〈詩篇〉裏有很多篇告訴我們：神理解並且體會我們抑鬱的痛苦。韋爾契博士在他的《憂鬱症重生之歌——從心靈哀慟變為喜樂達人》裏提到，抑鬱的人在沉默無聲、説不出話來的時候，〈詩篇〉可以替他們心中的沉默發聲，〈詩篇〉好像是神替抑鬱的人預先準備好可以在無話可説時誦讀的儀文（53-59 頁）。〈詩篇〉13、22、55、69、77、88 這些篇章，適合你跟他一起讀，或者你讀給他聽。你也可以讀耶穌在客西馬尼園的禱告（太 26：36-42；路 22：39-44）。此外，〈耶利米哀歌〉第三章也可以讀。

讀完以後，你可以對他説：雖然神好像沒有給我們對抑鬱的答案，但神了解我們的難過、我們的抱怨、我們的憤怒無助；而且耶穌已經不斷地在與我們一同承受並且擔當我們的痛苦，然後一起禱告。如果他願意，請他開口禱告，鼓勵他向神投訴，好像詩人和先知耶利米一樣，不必壓抑自己悲傷、迷惑、憤怒的情緒。

注意：讀〈詩篇〉的目的是使他知道神對他的理解，也可以鼓勵他向神敞開，盡情訴說心裏的痛苦、迷惑和憤怒，敞開胸懷把心裏的疑問向神提出；千萬別使他以為你在批評他禱告不夠懇切，或是信心不足。

第五：如果他對你已經有了信任，你可以嘗試對他提議說：抑鬱引起的失眠，和沒有胃口的症狀，可能需要服抗抑鬱的藥物，才能對症下藥，改善症狀的。他為了需要解決失眠的痛苦，可能比較願意找醫生治療。但是不要太堅持，可以給他時間考慮一下。你也可以在這時建議他找輔導。你先前第一步已經找好轉介的途徑，現在就可以用得上了。如果你沒有預先準備好，你就無法抓住機會，立刻替他安排看醫生或輔導了。請注意：向他提出治療的建議，最好等到你和他建立了互相信任的關係之後才進行。太早提出來，他可能不肯接受。

如果他非常絕望，有自殺的念頭，那就可能需要儘早堅持帶他去看醫生。我在書裏已經提過，自殺是抑鬱症病人一個嚴重的問題，是必須要處理的。

以上從信仰的角度來切入討論抑鬱，可能比直接了當告訴他得了抑鬱症，效果會好一點。需要注意的是你的聆聽，給他時間與機會，請他把心裏的話説出來；不是你去教訓他，給他建議。更要注意避免責怪他、批評他。

如果你認為需要跟他的家人討論他的情況（我假定他是一個成年人，兒童與年輕人的情況在這裏暫不討論），你必須先做以下的事情：徵得他的同意，弄清楚需要牽進他家人的原因（例如你認為他有些情況需要家人的協助），想清楚要跟家人討論的問題；並且必須與他一起跟家人來討論，而不是在他背後跟他的家人討論他的情況。跟家人討論牽涉很多其他問題，你特別需要避免在他家人面前變成他的代言人，或替他向家人提出投訴（例如責怪他家人對他的關顧不夠）。因為跟家人聯繫是比較複雜的問題，最好是有經驗的人才做，我就不在這裏討論。

如果對方願意討論病情

上面提過，有些抑鬱症的病人，似乎特別喜歡跟別人討論自己的症狀，也喜歡問你的意見，跟你討論他醫生的治療方案，或輔導師對他的建議。在這情況下，我認為你頂多就是照我在第三步裏提出來的問題跟他討論，聽他的意見，千萬不要加入你自己的意見，或對他的醫生和輔導師有任何批評。你要記得，他跟你講的只是他的片面之詞，很可能不代表整個治療的情況。如果他有問題提出來問你，你可以請他跟他的醫生或輔導師討論，千萬別自作聰明，提出你的看法。無論你認為你的意見多高明，他的想法，或是他的輔導師和醫生的做法是多愚蠢幼稚無知，我可以肯定的告訴你，你如果把你的意見說出來，只有帶來他和你的麻煩，對他的情況一點好處或幫助都沒有。

你如果想要分析，他為什麼會這麼喜歡公開討論他內心的問題，或猜測他對你提出一連串問題的動機在哪裏，這也是一點好處都沒有的。這些人需要專家的耐心輔導，請你把精力放在其他有需要的人身上吧。

個案解說

個案十

一名七十歲的寡婦最近很少到教會來。你去探訪她，發現她情緒很不好，常常失眠，沒有食慾。她告訴你説她的兒子是傳道人，兒子把時間都花在別人的身上，很少關顧她。她的老伴去年去世，她有點心灰意冷。她也告訴你，教會裏有些人曾經勸她要體諒她的兒子，從神的角度來看事情，為她兒子感謝神。她雖然很同意他們的看法，但卻為了自己做不到更加感恩而自責。她很想到教會來聚會，可是因為她的腿不好，走動不方便，所以不能經常來聚會。因着不能經常聚會，她就覺得更孤單無助。

你聽了她的訴説之後，一方面很同情她，另一方面也想：這是一個因為靈性不夠成熟所造成的問題嗎？如果她的確可以為他兒子更感恩，用信心與盼望把她的困難淡化，是否就可以解決她情緒低落和抑鬱的問題呢？她好像已經知道自己該怎麼做，為什麼又無能為力呢？你認為你自己或教會，可以對她提供什麼實際的幫助呢？你認為如果你照着我上面所提的五個步驟來幫助她，可能對她有好處嗎？你認為跟她的兒子一起討論她的抑鬱孤單有好處嗎？

在這裏附帶一提：教導與扶持是不同的助人方法。一般教會裏的聚會，大多採取教導的形式，偶爾在小組聚會裏，會採取討論或分享的形式。教導的重點在宣告或解釋客觀的真理原則，而討論分享聆聽的扶持（也可以算是基本的輔導，就是我上面介紹的五個步驟），卻側重如何在個別情況裏應用真理，負起個人的責任來作改變。下面的表把它們之間的不同點歸納起來：

講道不同扶持		
	講道	**扶持**
功能	教導	扶持
目的	建立信仰平台基礎	應付特殊情況
對象	大眾	個人
內容	原則，客觀	個別情況，主觀

表 3

為什麼在以上的個案裏，我沒有建議採取教導：用《聖經》的真理來告訴這姊妹要為她的兒子感恩，輕看難處，在聖靈裏喜樂呢？主要是因為我們這樣的教導，對該姊妹沒有好處，因為在她當時的情況下，她無法接受這種教導。所以，跟心靈有需要的人作個人交談的時候，我建議採取聆聽、提問、讀〈詩篇〉，是因為我相信這樣扶持性的輔導，比教導來得有效。該姊妹在我們聆聽而不給意見的扶持下，可能比較容易接受鼓勵負起責任來改變自己。反之，該姊妹聽了我們大道理的教導，可能更抬不起頭來。在個人交談的時候，採取扶持而不採取教導，不是對錯的問題，而是注重方式方法以及效果的問題。

一般習慣了教導別人的資深同工，有時候很難接受輔導和扶持的做法。舉例來說，個案十提到的兒子，為了自己分身乏術，無法花很多時間來照顧母親而感到困惑。他去找輔導師，交談了五十分鐘，輔導師最後以帶着安慰的口吻對他說：你就看着辦吧。這話後來被主任牧師聽到，就非常氣憤，認為那位輔導師鼓勵這傳道人放棄《聖經》絕對的客觀真理，而採取新時代的主觀的相對真理。這可能是誤會吧。

我們仔細來想，這兒子在服事教會、社區、自己的妻子兒女和母親之間，的確有很多可以選擇的可行之路，而幾乎任何一個選擇都可以是合乎《聖經》的。我們作為局外人，有足夠資格教導他應該如何選擇嗎？

《聖經》裏有輔導學嗎？這是另外一個讓一些人困惑的問題。我自己認為《聖經》沒有系統化的討論輔導。所以，如果希望用《聖經》的教導來建立一套輔導學的理論，困難肯定很大。當然，從《聖經》裏我們看到，耶穌在進行個人談道時，採用的方法與他在眾人面前講道時所採用的方法，有很大分別的。

我們比較一下耶穌跟撒馬利亞婦人（約 4），或行淫時被捉的婦人（約 8）的對話，內容與他在登山寶訓裏的教導，側重點就很不一樣。我在書裏已經提過，神用《聖經》來啟示救贖的真理，也用大自然來啟示創造的真理。心理輔導學的發展，雖然不在《聖經》的領域裏面，應用上還是可以合神心意的。有些基督教的學者，認為心理輔導學是世俗的，因為心理學的前設（Presupposition）是不合乎《聖經》真理的，所以不為基督徒所用。筆者不能認同這種想法。

附篇三　沉溺——追尋快樂而導致未曾預料的後果

沉溺（也稱上癮或成癮）的問題，充分暴露人性問題與其困難的廣度與深度。沉溺涉及人性素質、大腦功能、成長經歷、人際與家庭關係、社會結構、經濟政策、政府管理策略、國際關係等多層面的問題。沉溺一般從一種簡單地為了尋求快樂的欲望開始，最後卻可能造成整個人生命的摧毀，家庭關係的破裂，甚至社會的解體。作為一個精神科醫生，我只能從一個很小的層面裏來討論這問題。

沉溺的問題嚴重嗎？

根據普查，美國有大約百分之十五到二十的人有毒品或酒精的沉溺，這比例在大學生羣體裏是百分之二十五。最近兩年，美國因海洛因導致死亡的人數，每年增加百分之四十。2013 年，在美國死於毒品使用過量的人數，估計有五萬以上，已經超過謀殺加上意外死亡的人數。美國每年花於禁毒的經費超過五百億美元，因吸毒被發現而失去獎學金或助學金的大學生超過二十五萬。從各方面看來，毒品沉溺在美國已經達到一個完全失控的程度。

賭博沉溺很難有準確的資料。澳門 2013 年賭場投注額是五百億美元，相對來說，遠遠超過美國拉斯維加斯 2013 年七十億美元的投注額。澳門政府估計以後每年投注額增加百分之十五，這估計在中國政府允許自由行的政策下還是相當保守的。因此，一般估計到了 2016 年澳門賭場的投注額將超過一千億美元。

據香港的一項普查，估計百分之十五的中學生有上網沉溺。美國大學生中估計百分之十有上網沉溺。

總而言之，沉溺是現代人的一個嚴重問題。

沉溺的大腦功能因素

幾乎所有宗教都承認，人的生命破碎：孤單沒有被了解接納、虛空沒有意義目標、焦慮抑鬱恐懼、犯罪不能超越自己、死亡病痛人生苦短。如何解決人生命的破碎，各宗教卻莫衷一是。

上世紀中葉，科學家已經發現大腦有控制情緒的網路，而這網路中的杏仁核體（Amygdala）很可能跟造成快樂的情緒有關。在 1954 年，加拿大麥吉基大學（McGill University）的兩個科學家 James Olds 與 Peter Milner 把電極擦進十五隻老鼠的杏仁核體，老鼠可以用按鍵來操縱電流，控制刺激自己杏仁核體的電量和電極刺激的快樂感。這實驗背後的假設，當然想從科學的角度來尋找一個突破人類困境的答案。

令人驚訝的結果是這些老鼠後來不停地按鍵，有的每分鐘按七百次之多，甚至幾天不吃不喝不睡，也不甘休。有兩隻老鼠一直不停地按鍵，直到幾天後休克而死。這實驗證明快樂刺激網路對老鼠行為有極強烈的控制。到了 1970 年，有一個科學家 Heath 改用兩個人來做同樣的實驗，初步效果跟老鼠實驗結果差不多，可是因為有侵犯人權與缺乏安全保障的考慮，實驗很快就被學校禁止，沒有完成。到今天也沒有人再作同樣的實驗，大概與這項實驗無法得到「保障實驗者安全小組」的允許有關。

為什麼刺激快樂網路對人與老鼠有這麼強烈的效果呢？部分理由在於大腦介質多巴胺對行為的影響。簡單來說，刺激快樂網路產生多巴胺。多巴胺對行為的啟動

（Motivation）、習慣的養成（Habit Formation），以及記憶的形成（Memory）過程及其功能有關。那些可能產生成癮性的藥物（如可卡因、鴉片類藥物、尼古丁、酒精、安非他命等），與可能造成上癮的行為如賭博，都與刺激多巴胺的生成及其功能有關。

可是，大腦網路受到刺激產生多巴胺以後，下一次同樣刺激而產生的多巴胺量，就相對比上一次要來得少。換句話説，每一次新的刺激，快樂感覺的回報就愈來愈少。為了要追求同樣的極度快樂的感覺，刺激的密度與強度必須不斷增加。倘若刺激的密度和強度沒有增加，大腦網路產生的多巴胺量就愈來愈少，快樂的程度也就愈來愈低。不但如此，如果刺激停止，這人的情緒就非常低落難受，甚至想自殺，這是造成上癮的大腦功能的神經生物學基礎。同時也解釋了為什麼上了癮的人，必須不停刺激自己，如透過吸煙、喝酒、用可卡因或鴉片類藥物、賭博、看黃色網站、打遊戲機，或上網購物，而且刺激的量愈來愈大，次數愈來愈多。也因着多巴胺對記憶功能的作用，戒了癮的人，看到別人用毒品或進行上癮的活動如賭博或上網，記憶被重新啟動，就很容易再掉進上癮的網羅裏。

下面的圖表 4 把沉溺行為的進展歸納起來：

沉 溺 行 為 的 進 度

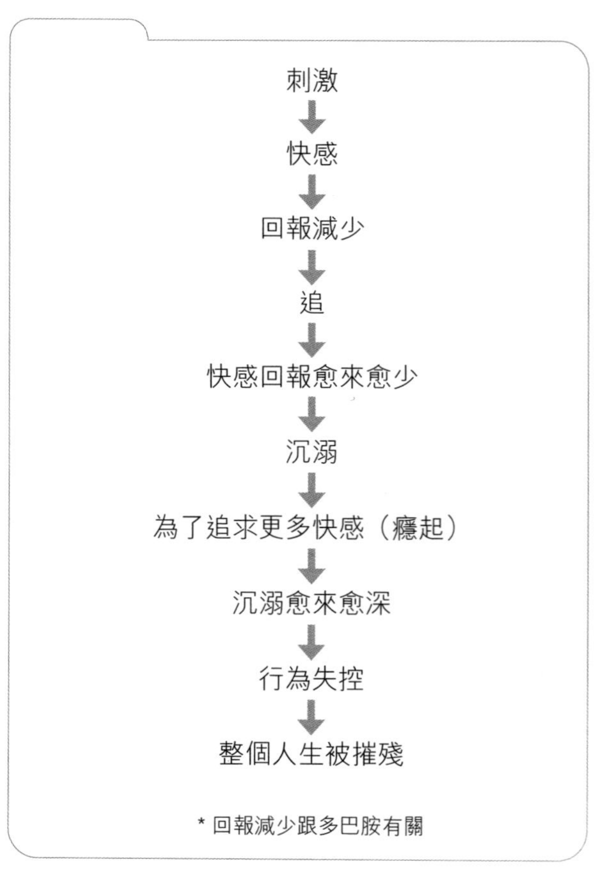

表 4

為了快樂而尋找快樂，為了刺激而尋找刺激，是造成沉溺的最大誘因。所以，刺激老鼠的杏仁核體就可能造成沉溺。

要得快樂而避免沉溺，就必須在關係與意義裏尋找快樂，這樣，沉溺的機率就小了。單單刻意追尋各類滿足，例如金錢、權力、性欲、吃東西、購物擁有等滿足，都可能造成沉溺，就如同用毒品、酒精、賭博、吸煙來得到滿足，得到快樂和刺激一樣。反之，追尋在意義與關係裏得到的滿足，不會造成沉溺。我相信這跟神設計與創造人的大腦網路的硬體連接和功能有關。

環境與基因的互動

當然，每個人對沉溺的抵抗力，也跟基因與環境的互動有關。控制多巴胺功能基因的多型性，影響每個人對沉溺的抵抗力的大小。目前，美國政府對沉溺的大腦功能和基因研究，投入大量的經費和人力，我們盼望在可見的未來，這研究會有一些成果，可以對沉溺的治療有點幫助。

沉溺的環境因素，不容忽視。今天，造成毒品氾濫的社會因素，似乎不是我們以個人的身分就可以很容易地去改變的。網路上黃色的網站，賭博的網站，每個人都很容易就可以進入。政府更嚴格的監控可能有效，卻不能把這些誘惑完全杜絕。沉溺的個人和家庭因素，會比較容易改變嗎？小孩的壓力，青年人的苦悶，父母忙碌不在家，父母兒女之間缺乏溝通，小孩片面注重學習而缺乏發展興趣多元化，孤獨沒有扶持關愛的朋友圈子，這些個人或家庭的因素都可能推動尋找刺激的傾向，變成導致沉溺行為的誘因。要防範沉溺，實在不容易。我建議教會裏的團契與小組，多彼此溝通、關懷、扶持、禱告，儘量減少人與人的隔膜，防止個別家庭與家庭的隔離。如果可以增加彼此的交往扶持與關愛，肯定可以減少尋找刺激的欲望和誘惑。

上癮就等於是犯罪嗎？

從《聖經》的角度來説，上癮是被某些物質或行為轄制，的確是犯罪和被罪轄制的表現。可是，上癮與犯罪也有不同之處，不容忽略。換句話説，上癮有犯罪的特徵，可是也有病態的特徵。上面我已經説過，沉溺的病態是基因與環境互動造成的，因此，只有大概百分之三十的人有沉溺的病態行為。下面的圖表 5，我把兩者的不同歸納起來。

犯罪與沉溺		
	犯罪	**沉溺**
強迫感	沒有（為利）	很強 （為快樂刺激）
罪咎感	沒有	有時候很強
想脫離	少	有時候很強
隱瞞理由	怕懲罰	羞耻

表 5

因着沉溺與犯罪的關係，有些上癮的人，悔改歸主後，沉溺的吸引就自然消滅，沉溺的行為也就立刻停止。可是，在我個人的經驗裏，大概有百分之五十的沉溺者，雖然已經悔改信主，可是還需要治療，再加上復康跟進（Rehabilitation），才可以從沉溺裏走出來。此外，我也看過有些基督徒，沉溺行為戒掉以後，因為種種原因，許多年後竟然又故態復萌，所以彼此扶持監督，對防止沉溺復發是有效的。

沉溺如何治療？

雖然大腦神經科學對沉溺與多巴胺的關係有些了解，可是直到目前還沒有研發出有效的藥物治療和方案。這證明多巴胺功能只佔整個沉溺過程與成因中的一小部分，也説明我們對造成沉溺的大腦功能紊亂的了解還是非常不完整。此外，雖然心理學對沉溺的心態行為有一些了解，可是臨牀心理學對沉溺的治療，效果也非常有限。

從目前來説，只有以信仰為根據的治療十二步驟（Twelve Steps）是最有效的，當然也需要沉溺者的投入與配合。十二步驟的功效性是有根據的：美國退伍軍人 2000 年的大型沉溺治療研究證明，十二步驟比認知治療有效。所以，今天美國精神科專業人士，已經摒棄了以前對十二步驟的偏見，從而接納十二步驟進入沉溺治療的主流。

十二步驟是 1940 年代三個基督教牧師提出的。本來是為了用這十二步驟來幫助酒徒戒酒，可是，現在十二步驟的原則已經被廣泛採用來治療各種沉溺行為：包括酒精、毒品、暴食、賭博、網站的沉溺等。

十二步驟的治療原則，歸納起來有幾個。第一：把沉溺問題公開承認，不再隱瞞；第二：承認自己對沉溺的改變無能為力，需要依靠神的幫助；第三：悔改，放棄犯罪的生活，過一個健康更新的生活；第四：每天（或最少每週三次）與其他有沉溺行為卻願意改變的人，以小組的方式來進行開放的溝通、檢討、彼此督導、彼此關愛扶持。

下面圖表 6，我把十二步驟列出來。

戒酒匿名會 Alcoholic Anonymous（AA）十二步驟

1. 我們承認，在對付酒精上，我們自己已經無能無力。我們的生活已經搞得不可收拾。
2. 要相信，有一個比我們自身更強大的力量，這力量能夠使我們恢復神智清醒和健康。
3. 作出一個決定，把我們的意志和我們的生活，託付給我們所認識的上帝。
4. 作一次徹底的和無懼的自我品德上的檢討。
5. 向上帝，向自己，向他人承認自己錯誤的本質。

6. 要完全準備好，讓上帝除去自己一切人格上的缺點。
7. 謙遜地乞求上帝，除去我們的缺點。
8. 列出一份所有我們所傷害過的人的名單，並使自己甘願對這些人作出補償。
9. 在不傷害他們的前提下，盡可能直接向曾經受到我們傷害的人士當面認錯。
10. 繼續經常自我檢討，若有錯失，要迅速承認。
11. 透過祈禱與默想，增進與我們所認識的上帝有自覺性的接觸，祈禱中只求認識對我們的旨意並祈求有力量去奉行旨意。
12. 實行這些步驟的結果是我們擁有一種精神上的覺醒。我們設法把這信息帶給別的酒徒，並在我們的一切日常事務中實踐這些原則。

表 6

參與十二步驟的人每次小組聚會，都必先同聲誦讀十二步驟，然後一個一個輪流分享自己這幾天裏的經歷，特別是與沉溺行為和誘惑進行爭戰的成敗經歷。小組聚會結束以後，有需要的人，可以找在沉溺恢復過程中比較資深的人，每天透過電話來對自己進行督導。因着目前美國社會信仰的多元化，十二步驟的宣言，已經把「上帝」改成「上蒼」（Higher Power）。這更改看來並沒有減弱十二步驟的果效。

沉溺嚴重，或年日很久的人，除了把沉溺戒除以外，可能還需要復康治療，就如重新建立謀生技能，人際交往，生活習慣等。在治療過程中，基督信仰與主內弟兄姊妹的扶持與幫助，就更不可缺少了。

離開意義與關係，刻意追尋刺激與快樂很可能造成沉溺。要脱離沉溺，也必須從關係和意義裏來尋求解脱。脱離沉溺是信仰的落實。很多基督徒以為只要悔改信主，重生得救，沉溺就可以自然解脱。其實，信主重生只是脱離沉溺的第一步。把信仰落實，在關係與意義裏尋找喜樂，是脱離沉溺的第二步。

沉溺的問題在西方國家中已到了嚴重的地步，這是無可置疑的。要徹底處理沉溺的問題，需要在很多層面入手。我們基督徒一般能做的，可能就是在個人、家庭、社區和學校的層面，把信仰落實，切實幫助解決這人生深層的問題。

附篇四　工作與學習中的無奈與壓力：信仰有答案嗎？

工作與學習是我們生活裏一個很重要的部分。可是對很多基督徒來説，工作與學習卻帶來很多壓力與無奈，直接影響我們的精神健康。一般基督徒對工作與學習，有以下的看法：

1. 為了生活，「搵食」，不能不工作學習；既然是神託付的，只好接受；
2. 為了爭取升級、成功、賺錢、工作與學習變成老闆；生活的目的就是工作和學習；有些基督徒為了工作與賺錢，連教會也不去了；
3. 得過且過，不要太認真，不要想太多，輕看名利，處之泰然；
4. 工作學習是「世務纏身」最好的例子；能提早退休，趕快放下工作唸神學，然後全時間服事神，是很多屬靈基督徒的理想。

《聖經》如何看工作

《聖經》雖然對工作沒有很詳細和系統化的討論，卻有幾處的經文是值得我們注意的。《聖經》對學習也沒有清楚的討論。在這裏，我們簡單的把學習看為準備要工作而裝備自己的一個階段。

1. 神把管理世界的責任交給人。在〈創世記〉開首幾章《聖經》裏，最少有三處清楚提到神把管理世界的責任交給人：〈創世記〉1：26-28；2：15；9：1-3。這管理世界的責任，是基督徒工作與學習的基本目的。換句話説，我們工作是遵從神在創造世界時對人的命令；學習是增加我們對神創造的了解和認識。當然，在管理世界的同時，我們也是在工作裏服事別人。無論我們的工作在別人眼裏是多麼低微，在神創造的計劃裏，還是遵從神服事人的一個事奉。
2. 工作是神的神性的引申。在工作中我們不但彰顯神的創造特性，也同時彰顯神公義與慈愛的特性。〈提多書〉2：10 也勸僕人「要凡事順服自己的主人，討他歡喜，不要頂嘴；不要私取財物，卻要顯示絕對的誠實，好使我們救主神的道理，在凡事上都得着尊榮。」新約時代的奴隸，雖然工作條件要比美國南部十八、九世紀的黑奴要稍微好一點，可是還是相當辛苦和卑賤的。如果保羅認為他們也可以在奴隸的工作中彰顯神道理的尊榮，也就是説彰顯神的神性，何況我們今天的工作呢？所以，基督徒應該在日常的工作與學習中，以自身的行為與工作的表現來見證神。

3. 工作為了養家活口，是《聖經》多處清楚的教訓。保羅在〈帖撒羅尼迦後書〉3：7-10：「我們在你們中間並沒有游手好閒，也沒有白吃過誰的飯，反而辛苦勞碌，晝夜作工……如果有人不肯作工，就不可吃飯。」〈提摩太前書〉5：4：「寡婦若有兒孫，就應當讓兒孫先在自己家裏學習孝道，報答親恩」，也是同樣的道理。在〈帖撒羅尼迦後書〉3：13-15，保羅吩咐教會，不可與游手好閒，不肯工作的人來往，但要勸他好像勸弟兄一樣，可見保羅非常重視以工作來養家活口。

4. 基督徒應該在學習與工作裏得滿足、快樂、與休息。〈創世記〉2：2-3：「在第七日神歇了他所作的一切工。神賜福第七日，把它分別為聖，因為在這一日，神停了他一切所創造的工，歇息了。」工作雖然辛苦，也帶給我們壓力與無奈，可是，我們在工作裏也應該可以得到滿足與快樂，和因滿足而來的休息。神創造天地後第七天休息，也賜福給第七天，把它分別為聖，充分表明工作與休息不可分割的密切關係。

基督徒工作的目的

從《聖經》對工作的教導裏，我們可以看出基督徒工作與學習的目的：基本上是為神、為人、為己。

為神：是為了遵從神，榮耀神，服事神，見證神。

為人；是為了服事人，養家活口。

為己：是為了在工作學習中得滿足、報酬、休息。

換句話說，如果有人認為讀大學只是為了向大學生傳福音，工作只是為了賺錢支援教會的事工，這些觀念就太狹窄了。

舉例來説，今天生命科學的研究已經觸摸到人靈魂功能的課題。基督徒如果放棄在這課題上做研究，就失去了一個以科研來見證神的大好機會了。

基督徒工作與學習的態度

從《聖經》對工作的教導裏，我們可以看出基督徒對工作應該有的態度。

對神：我們在工作與學習中必須認定：神是我們工作與學習的大老闆。神要求我們忠心，做對的事情。保羅對僕人説：「你們作僕人的，要存着敬畏，戰兢和真誠的心，聽從世上的主人，好像聽從基督一樣。作事不要只作給人看，像那些討人歡心的一樣，卻要像基督的僕人，從心裏遵行神的旨意；甘心服務，像是服事主，不是服事人。你們知道，無論是奴僕或自由的人，如果作了什麼善事，都必從主那裏得到賞賜。」（弗 6：5-8）；然後對主人説：「你們作主人的，也要照樣對待僕人，不要威嚇他們；你們知道，他們和你們在天上同有一位主，他並不偏待人。」（弗 6：9）。保羅就清楚的説明了這以神為大老闆的道理。換句話説：在工作裏必須對神有忠心。

對人：我們在工作裏也是服事人。服事人的要求是做得好，做的有成就。除了對神忠心以外，在工作中我們要考慮：我們的工作是否有成就，有效果。當然，從一個角度來説，成就與果效是神的賞賜，可是我們必須盡力而為。

對己：我們工作與學習也是為了自己得滿足、報酬、休息。如果我們工作得到的只是辛勞，那麼我們就應該認真的對自己的工作或學習檢討一下。在工作中對自己的要求是：做得美，有回報。

我以下面的圖表 7 來歸納上面的討論：

對象	目的	態度
神	遵從，榮耀， 服事，見證	忠心（Faithful）； 做得對
別人	服事，養家活口	得成就，效果（Productive）； 做得好
自己	滿足，報酬，休息	得回報，滿足（Rewarding）； 做得美

表 7

給讀者的實用錦囊

一、患上抑鬱症的 ABC

A. 下列病情持續至少兩週

B. 有兩項主要症狀，確立診斷至少需要有其中之一：

1. 情緒持續低落
2. 失去樂趣和興趣，索然無味

C. 再加上至少三項下列症狀：

1. 失眠
2. 沒有胃口，體重減輕（有時候相反）
3. 提不起勁，缺乏動力，或坐立不安
4. 自覺活着沒有意義、自卑、罪咎、心灰意冷
5. 不能集中精神、不堪重負
6. 想死、有自殺意念

二、華人病者切忌

1. 抑鬱症的失眠，特別是早醒，一般不能也不需要用安眠藥治療，必須用抗抑鬱症的藥物。安眠藥可以用來作為一種輔助治療。抑鬱症病情好轉之後，睡眠就會改善，安眠藥也可以逐漸減量然後停止。

2. 如果對治療有什麼問題，最好跟醫生討論。中國病人喜歡到處問別人的意見，而不跟自己醫生討論，這是於事無補的。
3. 如果你把藥停了，必須告訴醫生。很多人把藥停了，怕挨醫生罵，便不敢告訴醫生，這是危險的。

三、為何中國人不是快樂

第一：中國人太注重面子，過分注重面子可能妨礙人際間真誠坦然的溝通，對別人的意見顧慮太多、注重外表，為了要面子而放棄爭取對自己有益處的事情等等。

第二：不善於坦誠溝通。中國人似乎習慣「心照不宣」、「盡在不言中」、「無聲勝有聲」。把事情埋在心裏，把實情隱瞞（特別是不好的消息或事情）好像成為一種美德。在一個這樣的環境裏生活，心情很難舒暢。

第三：在爭取成就的時候，把成就定義得太狹窄。爭取成就是好的，只要途徑正確，可是如果把成就的定義限制在名成利就，爭取成功的代價對很多人來説就太大了。人生的意義，不能單單從成就裏獲得。

第四：專顧自己，缺乏愛人的精神。中國的富人好像比較不喜歡慷慨行善，寧願把錢財守住留給自己或子孫享用，頂多是捐錢修建廟宇，為的也只是積德。

給基督徒的實用錦囊

一、面對疾病三大原則

1. 依靠神，把疾病看為神容許臨到自己身上的一種考驗，靠着《聖經》的話語，聖靈的幫助，與教會的扶持來面對。
2. 省察檢視自己的人生目標與價值觀，以及自己與神與人的關係，然後來做合適的調整。
3. 尋求治療。

二、幫助信徒患者

1. 禱告。一方面為這人禱告，求主的醫治臨到他身上。其次，為自己求智慧，如何來幫助他。同時，打聽有什麼專業輔導和精神科專家的轉介途徑。最後，在禱告裏省察自己，看看神有沒有給你足夠的情商、智慧、意願（感動，負擔）以及恩賜來幫助他。
2. 嘗試跟他建立更好更深的關係。可以考慮只做陪伴，和提供實際幫助：諸如替他做整理、購物、預備食物、提供交通上的接送、安排和邀請他參加合適的聚會（例如老人團契）等。

3. 提出幾個可以對他的心態有更多了解的問題來討論。如果他不願意討論，不要勉強；你對他的幫助只能暫時停留在第二步。如果他願意討論，你就作一個聆聽者。

4. 問他，我可以跟你一起讀一些《聖經》嗎？例如：

   - 〈詩篇〉13、22、55、69、77、88
   - 〈馬太福音〉26：36-42
   - 〈路加福音〉22：39-44
   - 〈耶利米哀歌〉3

5. 如果他對你已經有了信任，你可以嘗試對他提議說：抑鬱引起的失眠，和沒有胃口的症狀，可能需要服抗抑鬱的藥物，才能對症下藥，改善症狀的。他為了需要解決失眠的痛苦，可能比較願意找醫生治療。但是不要太堅持，可以給他時間考慮一下。你也可以在這時建議他找輔導。

三、可以討論的問題

1. 你低落的情緒叫你對神的愛有懷疑嗎？你覺得神允許這困苦臨到你身上，是神不公平嗎？你有時懷疑神的存在嗎？
2. 你認為造成這情況（你低落的情緒，失眠等）的原因在哪裏？是靈性的問題嗎？是神的懲罰嗎？是魔鬼的攻擊嗎？
3. 你想這情況發展下去，將來會怎樣？最壞的情況是什麼？對你家人（最親近的人）會有什麼影響？
4. 你認為最好的幫助是什麼？別人如何可以幫助你？
5. 你絕望嗎？你有輕生的意念嗎？

延伸閱讀

1. 李兆康、區祥江：《情緒有益》，香港：突破出版社，2015。
2. 湯國鈞等：《回到開心時 —— 情緒管理 DIY》，香港：突破出版社，2004。
3. 李耀全等：《解開抑鬱》，香港：突破出版社，2006。
4. 湯國鈞等：《抑鬱自療》，香港：突破出版社，2008。
5. 湯國鈞等：《焦慮自療》，香港：突破出版社，2008。
6. 林建榮：《擺脫憂癮》，香港：突破出版社，2009。
7. 區祥江：《快樂軌迹 —— 10 個正向心理學的生活智慧》，香港：突破出版社，2009。
8. 湯國鈞等：《喜樂工程 —— 以正向心理學打造幸福人生》，香港：突破出版社，2010。
9. 張力智：《圖解精神健康》，香港：突破出版社，2013。